バルバラ・カッサン

ひとつ以上の言語

西山雄二・山根佑斗〔訳〕

読書人

Plus d’une langue

Barbara Cassin

ジルベルト・ツァイ企画
「小さな講演会」シリーズ

一九二九年から一九三二年にかけて、ヴァルター・ベンヤミンは、ドイツのラジオ放送のために、青少年向けの番組の原稿を執筆しました。物語や談話、講演といった内容で、『子どものための啓蒙』という題でまとめられました。

ジルベルト・ツァイは、「小さな講演会」の名前として、この題を使うことにしました。「小さな講演会」はツァイが季節ごとに企画している講演会で、子どもたち（一〇歳以上）と同伴する方々に向けられたものです。毎回、その狙いはもっぱら、子どもたちを啓発し、気づきを与えることです。オデュッセイア、星空の夜、神々、言葉、イメージ、戦争、ガリレオ・ガリレイ……テーマに限界はありませんが、一つだけルールがあります。話し手が子どもたちにきちんと語りかけること、ありきたりな話し方ではなく、世代を超える友情のままに語りかけることです。

この実験が上手くいったので、この話し言葉を通じた冒険を小さな本に変えようというアイデアがごく自然に浮かんできました。この「小さな講演会」シリーズの存在理由は以上の通りです。

AMBASSADE
DE FRANCE
AU JAPON
Liberté
Égalité
Fraternité

INSTITUT
FRANÇAIS
アンスティチュ・フランセ

Liberté
Créativité
Diversité

本作品は、在日フランス大使館翻訳助成を受給しています。

もくじ

凡例

*本書は、Barbara Cassin, *Plus d'une langue*, Bayard Éditions, 2012の全訳です。

*原文中の《 》は「 」で示し、( )はそのまま( )としています。

*訳文中で原語を指示する場合、訳者による補足を示す場合に〔 〕を用いています。

***1**、**2**は訳註を示し、本文の下段に配置されています。原文では著者による註はついていません。

ひとつ以上の言語

なぜ自分の言語とは別の言語を学んだり、話したりするのか

「自分の言語」が何を意味するのか、私にはよくわかりませんので、手始めに、「母語とはなにか」という問いを提起したいと思います。次に、私たちがひとつ以上の言語、いくつかの異なる言語を話す時に何が起きているのか、実際のところ異なる言語はどのようにして異なる世界を描くのか、理解を試みてみます。異なる世界とは、互いに相容れない世界でも、根本的に異なっている世界でもなく、互いに共鳴し合っていて、しかも、まったく重なり合わない世界のことです。ですから、私たちがどのようにしてある言語から別の言語へと移っていくのかを問い、そして

翻訳と呼ばれているものについて考えることになるでしょう。

そのことについて、私が知っていることから、私の職務の核心から、自問してみます。私は哲学者です。philosophie〔哲学〕〔という言葉〕に関して言えば、私たちはすでに他の言語のうちにいます。この言葉はフランス語ですが、それだけではありません。なぜなら、そもそも「哲学者〔philosophe〕」という言葉が古代ギリシア語に直接由来しており、「知を愛する人」を意味するからです。[1] 遠い昔、紀元前五世紀、つまり二六世紀前に、かなりの数のギリシア人がそのように名乗ったのです。こうしたギリシア人たちは、自分たちを哲学者と名乗ると明言したのですが、その点において、私たちが考えるよりも、はるかにうぬぼれていませんでした。なぜなら、彼らは「自分たちは知を愛している」と言ったのであ

1　フランス語philosophie（哲学）は、ギリシア語のphilosophiaに由来する。philosophiaはsophia（知）とphilein（愛する）からなり、「知を愛すること」を意味する。

って、「自分たちは賢人である」と言ったわけではないのですから。この言葉は「賢人〔sophes〕」ではなく、「哲学者＝知を愛する者〔philosophes〕」なのです。知への愛から、次のような問いが生じるかもしれません。つまり、なぜ別の言語を話すのか、ひとつの言語とは何か、そして、母語とは何かという問いです。

母語とは何か　野蛮人と擬音

最後の問いからはじめましょう。母語とは母親の言語のことですが、父親の言語でもありえますね。母親の言語と父親の言語は、必ずしも同じものではありません。母語とは私たちが話す言語、生まれたときから私たちが浸っている言語、家のなかで、家族の間で、私たちを取り巻く言語のことです。母親のお腹のなかで、すでに私たちはさまざまな音を聞いていて、こういった音が〔言語に〕慣れるための長い準備になります。そしてこの音が、赤ん坊の頃に歌ってもらう子守唄や、その後、読み聞かせてもらう物語につながっているわけです。これが母語の独自性です。みなさんのうちの何人かは、二つの母語をもっているかもしれません。それは母親が二人いるからではなく、母親の言語と父親の言語が全然違うものだからです。あるいはまた、彼らの家族が話す言語、彼らが浸かっている言語が、その家族のいる国の言語と直接関係していたり、あるいは、その国の言語との競合を強いられているからです（このことをどう表現すべきか、私自身、よくわかりませんが）。その国の言語とは、人々が彼らに話す言語であり、彼らも家では兄弟や姉妹とすでにその言語を話していることでしょう。そうでなくても、非常に早い時期から、家の外で、保育園や学校でその言語を話しているでしょう。

二つの言語を話すのは、簡単なことではありません。しかし、チャンスでもあります。二つの言語を話すことで、とても深刻な錯覚、私の考えでは、ギリシア人たちが抱いていた錯覚に陥ることを避けられます。ギリシアの人々は、ただひとつの言語、言いかえれば自分たちの言語しか存在しないと、本気で想像していました。彼らは、自分たちの言語を、ロゴスという言葉で呼びました。ギリシア人のように話さない他の人々は、「ブラブラブラ」のような、何か理解できないことを話す「野蛮人たち〔barbare〕[2]」でした。みなさんは「ビシッ」「ドブン」「ドーン」「バーバ

2 barbareは「野蛮な」

ー〔barbare〕」といったオノマトペのことをご存じだと思います。「野蛮」とは誰かが出している雑音のことで、その誰かは自分の雑音によって指し示されているのです——それはギリシア人たちからすれば理解できない雑音で、彼らはこの音を理解せず、理解しようともしなかったのです。

それに対して、ロゴスはギリシア語で「言語」を意味し、また「理性」をも意味します。アリストテレス[3]はギリシア最大の哲学者の一人ですが、ロゴスを与えられた動物として人間を定義しています。いわば、言葉を話し、考える動物というわけです。ギリシア人たちはそれゆえ、自分たちが話している言語は理性と一体化しており、ギリシア語は理性や知性の言語であり、そのようでありうる唯一の言語であり、それ以外の言語は存在しないと考えていたのです。ギリシア人たちが話していたのはロ

「未開の」といった意味の形容詞で、「野蛮人」「異国の人」を含意する名詞としても使われる。この語は古代ギリシア語で「野蛮」「未開」を意味するbarbaros（バルバロス）に由来する。バルバロスは、「わけのわからない言葉を喋る者」という意味であった。古代ギリシア世界にペルシア人などの異民族が侵入するようになると、「バルバロス」は異民族に対して侮蔑的な意味を込めて用いられるようになった。

ゴス、すなわち、人間性、文化、合理性の元となる言語でした。それゆえ、ギリシア人たちは、野蛮人たちが人間であるとは思っていなかったのです。とにかく、野蛮人であるかぎり、「ブラブラブラ」と話しているかぎり、彼らが人間であることを疑ってもよかったのです。

ひとつの言語しか存在しない、自分たちが話す言語しか存在しないと想像すると、こうした凄まじい分裂をもたらしてしまいます。このことが意味するのは、他の人々がおそらく言葉を話さず、おそらく人間ではなく、つまり、とにかくみなさんのような人間ではないということです。だからこそ、バイリンガルであることはチャンスなのです。なぜなら、バイリンガルであることは、いくつもの言語があるということを理解し、感じるためのチャンスだからです。母語というものを考えようとすると

3 アリストテレスは、紀元前四世紀に活躍した古代ギリシアの哲学者。師であるプラトンと並び、古代ギリシアの最大の哲学者とされる。プラトンが個別的で経験的な事物を越えた、永遠で完全な実在（イデア）を説いたのに対し、アリストテレスは現実に経験される事物から出発して思索を展開した。その著作は広範な主題におよび、倫理や政治を論じた『ニコマコス倫理学』『政治学』、芸術・

きに頭に入れておくべき第一のことは、母語がひとつの言語だということと、考えられる他の言語のうちのひとつの言語だということ、他のさまざまな言語のなかのひとつの言語だということです——たとえ、母語が一人ひとりにとって本当に特別なものだとしてもです。

「言語は誰のものでもない」

母語はこうして、私たちが生まれ落ちてくる懐をなすひとつないしいくつかの言語のことです。そして、母語はありうる唯一の言語というわけではありません。それは生涯を通じて私たちに付いて回ることになる言語（あるいはいくつかの言語があるとすれば、私たちに付いて回るこ

文学論の『詩学』、哲学的な問題を扱う『形而上学』、現代でいう自然科学的な対象を扱う『自然学』などがある。アリストテレスによる人間の定義、「動物のなかで人間だけがロゴスをもっている」は『政治学』第一巻第二章にみられる。

となるいくつかの言語）であり、私たちはその言語で夢を見るのです。みなさんはすでに、どんな言語で自分が夢を見ているのか、考えてみたことがあるのではないでしょうか。この問いは実に見事で、重要です。どんな言語で私たちは夢を見るのでしょうか。母語とは私たちに染み込んでいる言語であり、私たちはその響きのなかに浸っており、私たちは母語を用いて戯れ、言葉遊びをし、意味のある反響を聞き、何かを考えつくことができます。私たちはこの言語の主人ですが、にもかかわらず、まさにこの言語こそが私たちを拘束しているのです。これは奇妙な関係です。私たちが主人なのは、その言語で言いたいことを言えるからです。しかし、私たちの考え方、生き方、在り方に影響しているという点で、言語は私たちを拘束しているのです。

このとても奇妙な関係が私たちを作り上げているのですが、それと同時に、私たち自身の言語、ないし私たち自身の複数の言語、複数の母語は、私たちのものではないということを知っておかなければいけません。哲学者のジャック・デリダ[4]は「言語は誰のものでもない[5]」という文を残しましたが、これは非常に美しい表現だと思います。

私たちはこの文を二つの意味で理解することができます。

まず、もっとも明白なのは、言語はひとつの民族のものでも、ひとつの国家のものでもないということです。たとえば、フランス語を学び、私たちとフランス語を共有する人々もいます。ただ、「フランコフォニー〔フランス語圏〕[6]」は、フランス人だけで構成されているわけではありません。これはフランス人にとっても、フランス語にとっても、幸運なことです。

4　ジャック・デリダは、二〇世紀後半の現代思想を牽引したフランスの哲学者。二項対立的なヒエラルキーを再考する「脱構築」と呼ばれる方法を用い、ヨーロッパの伝統的な思考体系を根本から問い直した。デリダは、優位に置かれてきた音声言語（パロール）に対して、つねに二次的なものとされてきた書き言葉（エクリチュール）に注目し、独自の言語理論を展開した。文学、言語学、教育、政治、フランス語は、アフリカやカナダだけでなく数多くのほかの場所で拡散し、多様化し、充実していくのです。

また、「言語は誰のものでもない」という表現は、みなさんが話すときに、その言語がみなさんのものであるのと同じように、みなさんもまたその言語のものだということも含意します。言語のなかで何かを創り出すことはつねに可能ですが、実は、みなさんを通して、みなさんのおかげで、たえずそれ自身を創り出しているものが言語なのです。みなさんが言語を所有しているのではなく、言語がみなさんを拘束し、みなさんを作っているのです。言語はみなさんのものではなく、みなさんがその言語のものであり、言語はみなさん以外の人々のものでもあります。それが母語というものなのです。

宗教など、さまざまな分野で積極的に発言し、狭義の哲学に留まらない業績を残した。主な著作に、『声と現象』『エクリチュールと差異』『哲学の余白』など。

5　ジャック・デリダ『他者の単一言語使用——あるいは起源の補綴』守中高明訳、岩波文庫、二〇二四年。

6　フランコフォニーとは、フランス語圏のことを指す。フランスは、さまざまな音声、たとえば、「ブラブラブラ〔blablabla〕」、バルバロス〔barbaros〕、「野蛮人〔barbare〕」といった音声はシニフィアン[7]と呼ばれるものを示しています。つまり、音が言葉を作り出すやり方や、言葉と、言葉が出す音、そして言葉のもっている意味との関係を指しています。私たちは母語を通じて、そうした音声にいとも簡単にアクセスしています。ですから、ひとつないし複数の母語とは私たちが夢を見る言語であり、また何かを読むことができる言語であり、さらには詩を書くことができるかもしれない言語でもあるのです。そして、私たちが母語ではない言語で夢をみるのは（私にも起こったことです）、その言語を尊重しているから、自分が少しだけその言語のものになっているから、もしくはその言語を話す誰かに身をゆだねているからです。

アメリカ大陸、アフリカ大陸、アジア、オセアニアの諸地域を植民地化し、同化政策を敷いた。その結果、旧植民地諸国ではフランス語が公用語になることが多かった。そのため、フランス語圏はフランスのみならず、カナダの一部（ケベック州）や、アフリカ・オセアニアにも広がっている。

7　「シニフィアン」は、言語学者フェルディナン・ド・ソシュール詩もまた、たえずさまざまな音を巻き込み、その音を響かせます。言語を学ぶための教科書に、詩が掲載されていることはほとんどありません。みなさんが教わるのは、「こんにちは、調子はどうですか。私は映画館に行きたいです。コーヒーをもらえるかな」などという表現です。ですが、さまざまなテクストや詩を通じて言語を聴くことなど、めったに教わりません。そうなると、ある意味でみなさんは耳を通じて、身体を通じて言語を習得することはないでしょうし、その言語の喜びを本当の意味で得ることはないでしょう。みなさんは、その言語がいかにして世界を描くのかを知ることはないでしょう。母語でなら、みなさんはそうしたことを知っており、直に体得しています。テクストを聞いたり、大きな声で音読したりすることはとても大事なことです。

の用語。「能記」とも訳される。ソシュールは、記号が、意味内容（シニフィエ、所記）と、それを表す音声などの感覚的側面（シニフィアン、能記）の二つの要素からなるとした。

ラ・フォンテーヌ[8]の寓話には並外れたところがあり、私たちは彼の寓話を言語の調子とともに読まねばなりません。ところで調子とは音から来るものです。たとえば、「ネコとイタチと小ウサギ」には、次のような一節があります。「とがった鼻の夫人〔イタチ〕は答えた、土地というものは、最初に占有した者のものです。自分が這ってしか入れないような住処は、りっぱな戦争の理由になります」[9]。〔フランス語の調子では〕タタタタというように、高い音で、繋げて発音されています。これはきっぱりした、甲高い声のイタチです。そして猫がやって来ます。「それは信心深い隠者のように暮らしているネコだった。この猫かぶりのネコ、猫の聖者はたっぷりと毛を蓄え、太って脂ぎっていて〔gros et gras〕、あらゆる判例に精通している判官だった」[10]。「gros et gras〔グロ・エ・グラ〕」のよう

8　ジャン・ド・ラ・フォンテーヌは、一七世紀に活躍したフランスの詩人。イソップ童話に影響を受けつつも、西欧古代・中世やインドの寓話なども取り入れた独自の寓話を書き連ねた。また、小話集『コント』も生涯にわたって書き続けた。

9　ラ・フォンテーヌ『寓話』下巻、今野一雄訳、岩波文庫、一九七二年、六三頁。

10　同前、六四頁。

に、たくさんの〈オ〉と〈ア〉が聞こえます。まるで何かの全体のなかを動き回るように、みなさんはこの寓話のなかを動き回ることができます。そしてある言語を知るためには、まさに、その言語を一つの全体のように感じなくてはならないのです。

それぞれの言語に、たいへん優れた詩があります。それらの詩はそれぞれの言語を作り出し、それぞれの言語によって作り出されます。ホメロス[11]の詩作品である『イリアス』と『オデュッセイア』は、ギリシア語の基礎を築きました。私がこれらの詩から二つのフレーズを朗読するとして、みなさんはその文章を理解することはできないでしょうけれど、おそらく何かを聞き取ることでしょう。この場面では女神テティスとその息子アキレウスが登場します。アキレウスは友人パトロクロスの死を嘆

11 ホメロスは、古代ギリシアの詩人。紀元前八世紀から七世紀ごろに活躍したと推定されている。古代ギリシアを代表する叙事詩（歴史上の出来事や神話などを題材とした詩）の

きます。テティスは息子がもうじき死ぬことを知っていて、彼女もまた嘆きます。彼らめいめいが独特な音とともに嘆くのです。アキレウスは偉大な戦士で、彼の言葉は胸の奥底から、長い音節で重たく吐き出されます。tôi de baru stenakhonti〔激しく呻吟する〕。テティスが嘆くときには、すべてが悲しみで甲高く、ほとんどキイキイ泣き喚いています。〔ギリシア語の響きを〕聞いてください、oxu de kôkusasa〔声を上げて嘆きながら〕（これは第一八歌七〇－七一行にあります）[12]。私たちが母語において自分のものにしているもの、そして別の言語においては習得することがおそらくもっとも難しいもの、それは言語の身体感覚です。

したがって、他の言語と比べて、より慣れ親しんだひとつあるいはいくつかの言語があります。そうした言語は、即座に理解することができ

作家。『イリアス』は、「トロイの木馬」で知られるトロイア戦争のうちの五〇日間を描いたもの。『オデュッセイア』は、トロイア戦争に勝利した後、海神ポセイドンによって帰国を禁じられたオデュッセウスが、各地を放浪しながら祖国に帰還するという物語。

12 「高貴の母は、激しく呻吟するアキレウスの傍らに立つと、声を上げて嘆きながら、わが子

て、私たちと一体をなしています。しかし幸運なことに、言語が誰のものでもないのは、言語が学習されるものだからでもあります。

複数の言語、複数の世界

複数の言語を知ること、それは正確には、何を意味するのでしょうか。それはおそらく、複数の手段を持ち合わせているということです。複数の言語とは複数の世界であり、世界へと開かれる複数の方法なのです。

まずさまざまな物が存在して、その次に言葉が存在するわけではありません。いかなる意味においてこの関係が結ばれるのかを理解するのは、簡単ではありません。哲学者のあいだで大変な論争があります。まず物が

の頭を抱きかかえて、涙ながらに翼ある言葉をかけて言うには」。(『イリアス』第一八歌七〇行)

あり、その次に言葉があるのでしょうか、それともまず言葉があり、それから物があるのでしょうか。はたまた、二つとも同時なのでしょうか。たぶん二つ同時なのでしょう。哲学者たちはとても慎重で、今日では多くの場合、二つ同時だという立場を選ぶでしょう。しかし、もっとも古典的な哲学では、人々は伝統的に、まず物が存在し、その次に物を名付け始める、と想像していました。だから、彼らは異なる言語で物を名付ける方法などほとんど気にかけないのです。物の同一性があり、言葉がそれに関係しているというだけで、円滑なコミュニケーションが十分保証される、というわけです。

しかし、私が思うに、言葉は物に働きかけて、それを特定の様態で存在させます。ギリシア語の単語であいさつに使われるkhaireを取り上げましょう。この言葉はbonjour〔こんにちは〕やgood morning〔おはよう〕あるいはwelcome〔ようこそ〕といった意味では全然ありません。それはまったく文字どおりに、「喜んで、喜びを感じて、楽しんで」といった意味なのです。ギリシア語であいさつを交わす時、私たちは「よい一日を過ごしてください」とか「よい一日でありますように[13]」というのではなく、「喜んで」というのです。全然違うでしょう！　ここで浮かび上がってくるのはひとつの世界なのです。ローマ人は他のローマ人と会うか別れるかするとき、相手にVale、つまり「元気でいて」「健康でいて」と言います。これもまた別の世界です。ヘブライ語あるいはアラビア語で「こんにちは」と言うときは、shalom, salam、つまり「平和が君とともにありますように」と言っています。みなさんが「よい一日を過ごしてくださ

13　フランス語の挨拶bonjour（こんにちは）は、bon（良い）とjour（一日）からなる。

い」「喜んで」「元気でいて」「平和が君とともにありますように」と言われる時、世界は言語に応じてまったく別の仕方で開かれるのです。こういうわけで、私は言語の間の差異に興味をもつのです。それぞれの言語は、ひとつの世界あるいは世界観のようなものを、どのようにして、そのたびごとに描き出すのでしょうか。また、どのようにこれらの世界は触れ合い始めるのでしょうか。

別の例を取り上げたいと思います。とても具体的な例です。table〔テーブル、食卓、表、板〕という言葉はラテン語のtabula、つまり、銀行業者が用いる筆写板に由来します。銀行業者は小さな筆写板を設え、当時、人々はその上でお金の取引、とりわけ融資や両替の手続きをしていました。ギリシア人たちはと言えば、彼らはtrapeza、「四本の足を持つもの」と表現していました。それはギリシアのテーブルのことで、足が四つあったので、小さな板ではありませんでした。スペイン語でtableはmesaと言います。mesaは、地理の用語では、高原を意味します。たとえば、カスティーリャ高原、アンデス高原というようにです。両替商の筆写板、四つ脚の家具、カスティーリャ高原を思い浮かべるとき、同じものが表現されるわけではまったくありません。これらの言葉の周囲にある、意味のあらゆる輝きが、さまざまな言語をなし、言語同士の差異をなしています。それゆえ、複数の言語を話すことは、結局、自分の手の届く範囲にいくつもの世界をもつことに等しく、私たちはそれらの世界を互いに比較することができるのです。

一九世紀、ドイツ・ロマン主義者[14]たちは、言語学、すなわち言語を取

14 ロマン主義は、一八

り扱う術を発明あるいは再発明することで、実に見事なたとえを考え出しました。彼らによれば、言語とは、世界に向けて投げられる網のようなものです。そして、網目、網を投げる場所、その投げ方と引き揚げ方に応じて、さまざまな魚が引き揚げられるのです。言語は、ある種の魚を、ある種の世界をもたらしてくれるものです。

翻訳できないもの

このような認識から何が出てくるのかを理解するのに、私は多くの時間を費やしました。私は哲学者として、ヨーロッパのあらゆる国々から来た一五〇〇人の哲学者とともに作業をしました。それはたんに、私がヨ

―一九世紀のヨーロッパで生じた精神運動の総称。西欧世界には、ギリシア・ローマ世界を範とする文学的伝統（古典主義）があったが、そうした既成の伝統的秩序に対抗して別の源泉を求め、個々人の感性から新しい思想・芸術のあり方を唱えた。ただし、当のロマン主義にも、古典主義の影響を否定できない部分があり、ロマン主義を統一的に定義することは難しいとされる。ドイツ・ロマン主義の中

ーロッパの外にまで手がまわらず、その外の世界と本当の比較をおこなうことができなかったからです。私たちは「翻訳できないもの」と呼ばれるものについて調査したのです。「翻訳できないもの」とは、つまり、他の言語では表現できず、ある言語の特徴をなしていて、その相違において言語を示すものです。要するに、それは言語同士の差異の徴候なのです。

私たちは哲学における『翻訳できないものの辞典』を編纂しました……一五年間かけて！　この冒険においてもっとも信じられない出来事は、このありえない本の出版が成功をおさめたことです！　私たちはかなり早くに一万部以上を売りましたが、これは人々が関心をもっている証拠です。私たちは「テーブル」という語には興味を抱きませんでしたが、より抽象的で、より哲学的な言葉に興味をもちました。たとえば、「自由」

心となったのは、フリードリヒ・シュレーゲルやノヴァーリス、ヘルダーリンらの文学者や、ヘーゲル、シェリングといった哲学者である。

のような、がっちりした哲学的な言葉です。ヨーロッパ〔の言語〕では「自由」を言い表すのに少なくとも二つの方法があります。その方法はとても異なったことがらを含んでいます。たとえば、英語では、フランス語の「liberté〔自由〕」を二通りに、つまり、libertyあるいはfreedomと表現できます。これら二つの言葉は、お互いにまったく似ていない、自由の二つの考え方を含みます。liberty〔自由・解放〕は、「liberté」と同じく、ラテン語で「子ども」を意味するliberiから派生しています。つまり、libertyは、自由人、奴隷ではない人々のもとに生まれる子どものことです。言い換えれば（私はここで、偉大な言語学者エミール・バンヴェニスト[15]による分析をくり返しているだけです）、親から子どもたちに伝わる自由のことであり、垂直的な自由のことなのです。

15 エミール・バンヴェニストは、二〇世紀フランスの比較言語学者。ソシュールが静態的な記号体系であるラング（言語）に立脚したの

freedom〔自由・自律〕については、「友人」を意味するfriendと親戚関係にあります。この自由は水平的な自由であり、同じ年齢層でともに学び、闘う仲間にとっての自由です。freedomの方の自由はまったく政治的に用いられますが、他方、libertyの方の自由は家族によって「自然と」伝わります。もちろん、自然と文化の問題は難しいので、事態はすぐに複雑になります。父は「自然と」自由であるわけではありません。というのも、この場合、自然とは特定の社会状態の名称にすぎないからです。このタイプの自由は、たんに世代から世代へと伝えられるだけです。いずれにせよ、freedomとlibertyによって、自由の異なる認識が同一の言語のただなかにどのように現れるのかを見て取れるでしょう。[16]

英語には二つの単語（freedomとliberty）があるのに、フランス語には

に対して、意味と指示を備えた文によるコミュニケーション、すなわち、ディスクール（言説）の言語学を説いた。日本語で読める著作に、『一般言語学の諸問題』（岸本通夫監訳、河村正夫他訳、みすず書房、一九八三年）、『インド＝ヨーロッパ諸制度語彙集』（蔵持不三也他訳、一九九七年）などがある。

16　バンヴェニスト『インド＝ヨーロッパ諸制度語彙集 I』、三一三－三二五頁を参照。

ひとつの単語（liberté）しかなく、ドイツ語にもひとつの単語（freedomと同じ語源をもつFreiheit）しかないという事実は、それだけでとても興味深いです。このフランス語の単語は、ラテン語と同じく、血筋に由来する権利、すなわち父から息子への自由を意味しています。これに対して、ドイツ語の〔自由という〕単語は、まずもって、戦いにおいて連帯する、平等な仲間の自由を意味しています。このことから引き起こされるのは、哲学的・政治的な、いくつもの相異なる考察です。こうした状況が何かを引き起こすのか、あるいは何かによって引き起こされるのか、どのような方向で因果関係が生じるのか、私にもよくわかりません。しかし、こうした論点から、諸言語の違いが振動しているのを感じ取れる、と言っておきましょう。

同形異義語

何がそれぞれの言語の独自性をなしているのか、もう少しうまく理解すると実に面白いです。私は構文法[17]や文法（語順、名詞の性[18]、動詞の時制など）に関するたくさんの重要な事柄を省略してはいますが、それぞれの言語の独特な性質をなしているものは、何と言っても、いくつも意味をもっている言葉です。それは「同形異義語」と呼ばれる驚くべき言葉です。つまり同じ言葉が多くの事柄を意味するのです。

それぞれの言語に違った同形異義語があります。そして、私たちが話している言語、私たちの母語にある同形異義語を見つけることができる

17 「構文法」は、文法の分野のひとつで、文の構成要素、すなわち単語の結びつき方を問題にする。

18 「名詞の性」は、インド＝ヨーロッパ語族などにみられる文法事項で、単語の分類に用い

のは、別の言語を通じてなのです。

　例を挙げましょう。フランス語の「vérité〔真実〕」は、現実と一致する何かのことです。私がこのテーブルは黄色いと言うとき、それは正しい〔vrai〕[19]。おわかりのように、間違いなく黄色なのですから。さて、ロシア語には「vérité〔真実〕」を指し示すための二つの言葉があります。そのうちのひとつであるpravdaは、つねに真実を言っているとみなされていた共産党の機関紙の名前でした[20]。ですが、この同じ語は「justice〔正義〕」をも意味するのです。このことはよく知られています。この言葉が、ギリシア語の単語dikaiosunê、つまり、聖書のうちではっきりと「正義」を意味している言葉をロシア語に（あるいはロシア語の先祖のスラヴ語に）翻訳するために用いられたためです。ロシア語のもうひとつの言葉

られる。たとえばフランス語では、名詞は男性名詞と女性名詞に分かれ、ドイツ語では男性名詞・中性名詞・女性名詞に分かれる。この区別は必ずしも生物学的な性と対応するものではない。

19　フランス語のvraiは「本当の」「真実の」といった意味の形容詞で、その名詞形はvérité。

20　ロシア共産党の機関紙は『プラウダ(pravda)』という名で、一九一二

のistinaもまた「真実」を意味しますが、それは正確さという意味です。このテーブルは栗色だ、黄色だ、などというのは正確ですから、この場合はistinaが使われるのです。ですから、ロシア人からしてみれば、私たちがvéritéと言うときに二つのこと、つまり、正義と正確さを一緒くたにしているということになりますね。その反面、私たちからすれば、ロシア人がpravdaと言うとき、彼らは二つのこと、つまり、正義と真実を一緒くたにしています。

それぞれの言語には取り違えがいくつもあります。しかし、これらの取り違えは別の言語から考えることで見分けられ、さらに言えば、この別の視点の働きによってしか存在しないのです。自分の言語のなかで取り違えがどのように機能するのかがわかるのは、つねに〔言語の〕外部か

年にレーニンらが創刊した。一九一八年からはソヴィエト共産党中央委員会の機関紙となり、一九九一年のソ連崩壊まで共産党を擁護する重要な新聞であった。

らであり、私たちがそのことに気づくのは自分の領土の外においてなのです。二つの言語を――少なくとも二つです――話すことはとても重要です。そのことで、みなさんの言語が唯一のありうる言語ではなく、それが、どのような意味の激突や融合を生み出すのかを理解できます。フランス語で私がsensというとき、sensは言葉の「意味」（英語のmeaning）、私たちが抱く「感覚」、そしてまた「方向」を含意します。これは、驚くべきことです。私が思うに、現代で使われている他のいかなる言語でも、こんなことはないと思います！ある言語を定義づけるのは、その多義性の総体です。とりわけ、その多義性が偶然の産物ではなく、このフランス語の事例のように、その言語の長い歴史において、たとえばある言語から他の言語へとなされる翻訳を通して作り上げられる場合にそうなってくるのです。たとえば、語の「意味〔sens〕」と「感覚〔sensation〕」は、すでにラテン語のsensus[21]において結びついていて、そこからフランス語へと受け継がれました。そして、このラテン語それ自体は、ギリシア語のnous〔心、精神、知性〕を翻訳したものです。nousは直観のような何かを意味します。(匂いを嗅ぐ犬のように)瞬く間に知覚するにせよ、(考える神のように)直接に理解するにせよ、私たちがすぐに把握するもののことです。

21 ラテン語sensusは「感覚」「意識」「理解力」「感情」「意見」「意味」などを指す。

翻訳すること

さて、最後に、どのようにしてある言語から別の言語へと移っていくことができるのかを考えてみましょう。つまり、翻訳している状態、「向こうへと導くこと」「移行している状態」のことです——とても素敵な言い回しじゃないですか。[22]

まず、翻訳がどれほど難しいものなのかを強調しなければなりません。ある言語から別の言語へと移っていくために、私たちは、ある世界から別の世界へと移動しなければならず、その溝を越えなければなりません。幸運にも、これらすべての世界に共通するひとつの世界があります。私たちはみな——〔現代風に〕「グローバルに」と表現したくもなります——同じ世界で生きています。[23] 私たちにはたしかに、共有している「世界」のようなものがありますが、しかし、さまざまな言語やその文化を踏まえると、この「世界」は激しく混合していて、雑多で、結合と分離から

22　フランス語 traduction（翻訳）のラテン語語源 traducere は trans（向こうへと）＋ ducere（導くこと）からなる。

23　フランス語では、グローバル（global）と世界（monde）が区別される。前者は、元々は

なっています。

　ここに、「バベルの塔」（『創世記』第一一章第一－九節）の場面を描いた同じテクストの二つの翻訳があります。この場面では、言語の複数性が人間の豊かさではなく、神による罰として描かれているので、私はまったく同意できないような気がします。この聖書の一節では、神に挑戦できるほどの高い塔を、人々がいかに建てようとしたのかが語られています。神は人々を罰して、彼らが首尾よく集まるのを妨げました。つまり、彼らに言語の多様性を与えたのです。それまではただひとつの言語しか話していなかった人間たちが、いくつもの言語を話すようになったのです。そのせいで彼らは散り散りになりました。言語が違うということが、人間たちの結びつきを妨げるのにうまく働いたからです。一つ目の翻訳は

たんに「全体的」「総体的」といった意味で、グローバル化は「世界化（mondialisation）」と表現される。ここでカッサンは、英語の「グローバル化」を受けて、「グローバルに」という表現を用いている。

もっとも一般的なもの、すなわち、エルサレム聖書[24]の翻訳です。

すべての人々は同じ言語、同じ言葉を用いていた。人々が東方へと移ったとき、彼らはシンアルの地に低地を見つけ、そこに住み着いた。

人々は互いに話し合った。「さあ！　煉瓦を作り、火で焼こう！」煉瓦が石の代わりに、アスファルトが漆喰の代わりになった。そして人々は言った。「さあ！　町と塔を建てよう！　その頂が天高く届くほどの塔を！　名声をなして、われわれが全地にわたって散り散りになってしまわないようにしよう！」

ときに主が降りてきて、人々が建てた町と塔を見た。

24　『エルサレム聖書』（*La Bible de Jésalum*, 1956）とは、現代のカトリックのためにヘブライ語・ギリシア語の原典から翻訳されたフランス語聖書。二〇世紀のもっとも質の高いフランス語聖書として知られ、他の言語への重訳もおこなわれている。

そして主は仰せられた。「すべて人はただひとつの民をなし、ただひとつの言葉を話している。これが彼らの企てのはじまりである！いまや、彼らが実現できないような企ては何もないだろう。さあ！　われわれは降りていこう！　そして彼らの言葉を混乱に陥れよう。彼らがもう二度と互いに言葉を聞き分けられないようにしてしまおう。」

こうして主は人々を全地のおもてにわたって散らし、人々は町の建設を断念した。

そういうわけで、その町はバベルと名づけられた。この町でこそ、主がこの地に住まうすべての人々の言葉を混乱させ、人々を全地のおもてにわたって散らしたからだ。

ここで語られているのはバベルの物語です。突然、人々は誰のことも理解できなくなり、もはや「空疎な音〔blablabla〕」しか聞こえなくなってしまいました。しかし、みなさん、みなさんが難なく理解するように、このテクストは、せいぜいいくつかの言い回しが古びているくらいで、まるで〔カッサンたちの母語である〕フランス語で書かれたかのようにうまくいっています。

二つ目の翻訳を読んでみると、フランス語ではなくヘブライ語[25]が聞き取られることになります。このテクストが作られる方法を前にして私たちは二の足を踏んでしまいます。というのも、ヘブライ語は私たちが話す言語ではないから、私たちの言語のなかにある別の言語だからです。そ

25 ヘブライ語はユダヤ人を中心に用いられる言語で、現在のイスラエルの公用語。『旧約聖書』のほとんどがヘブライ語で書かれた。

してこれも翻訳の別の方法なのです。これはアンリ・メショニック[26]による翻訳です。

そして　かつて　全地には　言語がひとつ
言葉がひとつ

そして　彼らが東方から旅したとき
そして　彼らは見つけた　低地を
シンアルという地で
そして　彼らはそこに住み着いた

26　アンリ・メショニックはユダヤ系フランス人で、詩人、翻訳家、思想家。ラテン語を基にした従来の聖書訳では、もとのヘブライ語のリズムが失われているという問題意識から、ヘブライ語のリズムを再現することに力点がおかれたフランス語翻訳に取り組んだ。

そして　彼らは言った　お互いに
さあ　煉瓦造りをしよう
煉瓦を　そして焼こう
火にくべて
そして　煉瓦は彼らにとって
石であった　そして
赤泥は　彼らにとって　粘土であった（…）

そして　アドナイ[27]は言った　民がひとつで
言語がひとつだったから
このようなことをし始めたのだ

27　「アドナイ」はユダヤ教徒による神の呼称。ユダヤ教では神の名（ヤハウェ、ヤーウェ）

そして今は　妨げることができない
彼らが練り上げて作り出すものを

さあ　降りて行こう
そして　そこで混乱させよう　彼らの言語を
彼らが互いの言語を聞き分けられぬように

(Genèse, XI, 7-9, trad. fr. H. Meschonnic et R. Blaig,
Les tours de Babel, Mauvezin, TER, 1985, pp. 11–13)

要するに、少なくとも二つの翻訳の方法があるのです。ひとつは、読者をできる限り平穏な状態にしておく翻訳の方法です。というのも、た

を直接唱えることが戒められているため、その名を用いずに神を呼ぶ場合に用いられる。

とえテクストが難解で、まったく理解できないとしても、読者はまるで自分の言語のなかにいるようだからです。それに対して、もうひとつの翻訳の方法は、読者がたいへん混乱してしまいますが、著者をできる限り平穏な状態にしておくものです。読者は自分が何を読んでいるのかうまく理解できませんが、別の何かが聞こえてきて、その何かが自分の言語に働きかけていることを理解します。

翻訳の仕方がいくつもあり、別の言語のなかである言語を響かせる仕方がいくつもあるというのは、とても興味深いことです。このことは、言語がたんにコミュニケーションの手段ではないということを示しています。つまり、言語はひとつの文化であり、さまざまな文、異なるリズムからなる世界でもあるのです。

今日、私たちが文章をグーグルに書き込み、それをグーグル翻訳で翻訳させようとするとき、しばしば、とても奇妙な結果になることがあります。たとえば、「そして神は人をご自身の似姿に創造された」という聖書の文章〔「創世記」第一章第二七節〕があります。グーグルにこの文章をドイツ語に翻訳させ、それからそのドイツ語の文章をフランス語に再翻訳させたところ、作業が終わって翻訳の結果が完成すると、「そして人はその似姿に神を創造した」となるのです！

今のところ、翻訳は機械的な手法ではおこなわれない仕事ですが、それにはいくつかのもっともな理由があるのです。たとえば、グーグルが翻訳という仕事を占有すると、基軸言語——すなわち、分数でいうところの共通分母——の役目を果たしている英語を経由することになります。

そうなると、グーグルはフランス語を英語に、それからその英語をドイツ語に、そのドイツ語を英語に、そして最後にその英語をフランス語に訳します。もちろん、それらすべての横断作業は、おかしな事態を引き起こします……。

言語はたんにコミュニケーションの手段ではなく、言語がある世界を描き出すと考えるようになると、人々はとても慎重になり、注意深くなります。母語は、たとえ誰のものでもなかったとしても、比類なきものであり、また幸いなことに、ひとつ以上の母語が存在します。ひとつ以上の母語が存在するから、世界はより興味深く、より変化に富み、より複雑になっているのです。その複雑さによって、真実を所有しているのは自分たちだけだと信じることが禁じられるのです。

二〇一〇年四月一〇日　モントルイユにて

質問と答え

——それぞれの言語に同じ数の言葉があるわけではないと聞いたことがあります。それはつまり、いくつかの言語は他の言語よりも豊かだということなのでしょうか。また、新しい言葉を作り、そうして豊かになっていくための力は、それぞれの言語に同じくらいあるのでしょうか。

バルバラ・カッサン　私は、本当の意味での外国語を、十分に知っているわけではありません。今日私たちをモントルイユ[28]の劇場に招いてくれたジルベルト・ツァイ[29]さんのような人とは違うのです。たとえば私は、中国語では何もわかりません。私はヘブライ語やアラブ語もよく知りません。これらはまっ

28　モントルイユはパリ郊外東部にある都市で、大規模な蚤の市が有名。本書のもとになっている「小さな講演会」はモントルイユ劇場で催されている。

29　ジルベルト・ツァイ（Gilberte Tsaï）はモントルイユ劇場の演出家で、「小さな講演会」シリーズを運営している。父が中国人であることから、カッサンのいう「本当の外国語」、つまりはヨーロッパ系の言語とはまったく異なる言語体系をもつ中国語を話せる人物として紹介されている。

たく異なる言語であり、これらの言語によってものを考えることはできません。私はヨーロッパの言語をたくさん知っていますし、ギリシア語やラテン語も知っています。ロシア語についてもいくらか知っています。

私の知っている限りであなたの質問にお答えすると、それぞれの言語に同じ数の言葉があるわけではありません。これはありうる話ですし、本当のことのようです。しかし、ひとつ確かなことは、私たちみんなが話している「グローバル・イングリッシュ」というものは、シェークスピア[30]や、ジェイン・オースティン[31]、ジェームズ・ジョイス[32]の英語に比べて、とても貧しいということです。

言語というものは、作者と作品が作り上げるものだと理解

30 ウィリアム・シェークスピアは、一六－一七世紀のイギリスの劇作家、詩人。イギリス文学の代表的作家であり、文学のみならず、後世の哲学・思想にも大きな影響を与えた。『ロミオとジュリエット』などの恋愛劇、『ヴェニスの商人』などの喜劇から、『ハムレット』『マクベス』のような悲劇まで、多くの作品を残した。

31 ジェイン・オースティンは、一八－一九世紀のイギリスの作家。地方に暮らす人々の恋愛や生活を皮肉やユーモアを交えて描いた。主な作品に『高慢と偏見』『エマ』など。

32 ジェームズ・ジョイスは、二〇世紀に活躍したアイルランドの作家。

しなくてはなりません。文化こそが、言語を決定するのです。このことだけみても、ある言語は、当の言語と同じ数の言葉をもっているわけではないのです。ここまでが、最初の簡単なお返事です。

二つ目の簡単なお返事は、いくつかの言語では、きわめて多くの言葉が、それらの言語がなす世界のなかで重要なものを指し示すのに用いられる、ということです。その何かは、とても重要なものなので、「私たち」が考えもしないところに、いろいろな違いをもたらします。たとえば、バスク語[33]には雨を表す言葉が一〇個ほどあります。エスキモー、つまりイヌイット[34]の言語では、もっとたくさんの言葉が雪を表すのに用いられます。

写実的な表現を用いつつも、独自の文体を駆使して実験的な文学作品を著し、後世の文学や思想に大きな影響を残した。主な作品に、『ダブリンの人々』『ユリシーズ』『フィネガンズ・ウェイク』など。

33 バスク語は、フランスとスペインの国境に位置するピレネー山脈周辺で用いられる言語。バスク語は、その地理的な近さとは裏腹に、フランス語やスペイン語とはまったく別の言語系統をもつ。

34 イヌイットあるいはエスキモーは、アラスカ、カナダ、グリーンランドの北部に暮らす民族で、狩猟を生業とする。

いずれの場合でも、異なった性質の雨や雪があるのです。その上を歩ける雪、イグルー〔雪小屋〕[35]を作ることのできる雪、足跡を失わずに済む雪、そのなかでは人が死んでしまう雪、などです。これらは具体的な世界なのです。しかし、雨を表す言葉がたくさんあるから、その言語により多くの言葉がある、ということではありません。もしかすると、太陽を表す言葉は少ないかもしれないからです。

それから、言葉の多さだけが言語を決めるのではなく、構文法の種類もまた言語を決めるのです。だから、言語はいくらでも異なったものでありえます。言語は同じ造りをしていないのですから。つまり、それぞれの言語を比べるのは難しく、豊かさや貧しさというのが何を言わんとしているかを見

35 イグルーは、とくにカナダ北部でイヌイットが用いる雪小屋のこと。イヌイットの言語で「家」を意味する。

極めるのは、それよりはるかに難しいということです。

たとえば、中国語には「…である」という動詞が無かったと思います。何年か前、北京にある大学で、ギリシア人にとっての真理について講義をしました。そのとき、「…である」という動詞について話さねばならず、「主語」「偶有性〔accident〕[36]」といった言葉を用いる必要がありました。「このテーブルは黄色である」というとき、「黄色」とは、この実体または主語、つまりテーブルの述語または偶有性であり、「…である」に媒介されています。似た言葉がないばかりか、文章の形式から作り出される定着した言い方もない場合、このことをどのように説明すればいいのでしょうか。

これはとても難しいことです。通訳をしてくれた人は、自

36 accidentは、英語でもフランス語でも、「事故」や「偶然起こった出来事」を意味する。ただ、哲学の専門用語としては、「偶有性」という訳語が当てられる。偶有性はアリストテレスの用語で、あるものに付随する性質のうち、本質的ではない性質、すなわち、そうであってもそうでなくてもよい性質のことを指す。たとえば、「肌が白い」ことは人間にとって本質的ではないので、偶有的な性質である。

分がうまくやれるかのように振る舞い、この問題を切り抜けました。ある優れた学生が――彼は最前列で眠っているような雰囲気でしたが、まったく寝てなどいなかったのです――、講演のあと私に会いに来て、次のように言ったのです。

つまり、通訳の人は、単語についてはとてもうまく訳していたが、意味については違った。というのも、私が「偶有性〔accident〕」と言ったとき、通訳は「車の事故〔accident〕」と訳していた、というのです。たしかに、「…である」という動詞がないと、とても訳しづらいことがらです。

おそらく、言葉の数はそれぞれの言語で等しくないのですが、これは大したことではありません。なぜなら、言語同士の間で問題になるのは、それぞれに異なるもつれや関係や豊かさだからです。より値打ちのあることは、言葉の個数を数えることをはるかにしのいでいるのです。

それぞれの言語は、言葉を発明する能力を同じだけもっているのでしょうか。発明する能力を「同じだけ」もっているわけではありませんが、言語はすべて、「発明することができる」のです。言語とはある種のエネルギーであり、その言語ならではのやり方でつねに発明されています。

ドイツ語には、「小辞[37]の形而上学」というものがあります。みなさんにお話しした辞書〔『翻訳できないものの辞典』〕のなかで、私がそのように呼んでいるんですけどね。これはどういうものだと思いますか。「小辞の形而上学」とは、名詞や動詞を使うときに、それらを、たとえば「in〔非〕」や「aus〔脱[38]〕」

37 「小辞」は、言語学において、語の形が変わらない品詞を指す。「不変化詞」とも言われる。前置詞や副詞などが典型的な小辞である。

38 in-, aus-は、いずれもドイツ語の接頭辞。in-は「否定」「〜のなかで」などを意味し、aus-は「外へ」「分離」

のような短い言葉――これが小辞です――の前後に置く、ということです。

小辞は、場所や時間、方法を示し、新しい言葉を作り出します。同じことをフランス語でやるのは、簡単ではありません。少しくらいならできますが、あくまで少しだけです。「緑になる〔verdir〕」とか「再び緑になる〔reverdir〕」とか言うことは出来ますが、「脱緑になる〔déverdir〕」とか、「非緑になる〔averdir〕」とか言うことは難しいでしょう。[39] ドイツ語では、こういうことができるのです。

それぞれの言語のなかには、言葉を発明するための規則があり、これら規則のどれに背いてよいのかも決まっています。ジャック・デリダが、言語は誰のものでもないと言ったとき、

などを意味する。接頭辞とは、単語の前について、ひとまとまりの単語を形成する構成要素。たとえば、「適切な」を意味するadäquatにin-を付すとinadäquat（不適切な）になるし、「土地」「国」を意味するLandにaus-を付すと、ausland（外国の）になる。

39 ここでは小辞を用いたフランス語の表現の例が紹介されている。「緑の」を意味する形容詞vertは、動詞の語尾を示す-irを伴うことで、「緑になる」verdirという動詞になる。また、「再び」を意味する接頭辞のre-を付けることで、「再び緑になる」reverdirという単語を作ることもできる。だが、「分離」や「除去」を表すdé-、「否定」を表すa-を用いて、

彼は自分の個人的な経歴に基づいて語っていました。彼はアルジェリア生まれのフランス人[40]〔pied noir〕で、母語はフランス語でした。しかし、彼がおかしいと思ったのは、アルジェリアでは、アラビア語が外国語とされ、外国語として教えられていたことでした。[41]彼はこの状況を、「他者の単一言語使用」と呼びました。だから彼は、言語は誰のものでもなく、またそのため言語は尊重されねばならず、言語がもつ意味のなかに入り込む必要があると語りました。

言語のなかで発明することはできますが、発明のセンスというものもたしかにあるのです。言語の隠れた法則を遵守し、どのようにその言語が発明されるかを理解しているかぎりにおいて、私たちはその言語に対して不遜な態度をとってもい

déverdir（脱緑になる）とか、averdir（非緑になる）という表現はできない。

40　ここではpied noir（黒い足）というフランス語表現が用いられている。これはアルジェリア生まれのフランス人を指す言葉で、フランス人入植者が先住民とともに真っ黒な足をしていたことに由来するとされ、しばしば軽蔑的に使われる。

41　アルジェリアでは、先住民であるベルベル人が話すベルベル系言語とアラビア語が話されていた。だが、フランスによる植民地化を経てフランス語が強制された。現在では、多くの人がフランス語とアラビア語の両方を話すとされる。

いのです。私の考えでは、それぞれの言語が、その言語だけの発明の可能性を秘めているのです。

――あなたはギリシア語を話すことができますか。

私はギリシア語を発音することができません。というのは、古代ギリシア語がどう発音されていたか、今ではわからないからです。いくつかの一般的な法則は知られています。いくつかのアクセント記号（「有気記号」と呼ばれるものです）が、気音〔発音する際に呼気を伴う音〕を伴うことを示していたことはわかっています。

さっきkhaireと書いたときに――これは「楽しんで」という

意味でした——、私はhと書きましたね。これは、khiという文字が、気音を伴うことを示すためでした。khiはたんなるkとは違うのです。このように、私はギリシア語を発音するときの規則をいくつも知っていますが、すべてがわかるわけではありません。私はギリシア語を話すことができません。しかし、読むことはできます。このような言語は死語と呼ばれます。死語とは、いまでは誰の母語でもない言語です。

今日では、生まれたときから古代ギリシア語を話す人はいません。このことが死語と生きている言語の大きな違いです。古代ギリシア語の言葉を発明することは、もう誰にもできません。それは閉ざされ、完結した言語なのです。

現代ギリシア語は今もギリシアで話されています。しかし、現代ギリシア語は古代ギリシア語から大きく変化しています。発音という側面に限ってもそうです。「イオタ化」〔イオタはギリシア語のI〕という現象が起きたことは、とくに大きな変化でした。多くの母音や二重母音[42]が「イ」と発音され、もはや「エ」とは発音されなくなったのです。

それから、いくつかの言葉の意味も変わりました。metaphoraという言葉は、古代ギリシア語では「比喩」という意味になります。〔フランス語で〕le pied d'une montagne〔山の足〕というとき、山にはみなさんのような足がない、というのはわかりますよね。これが比喩です。山麓のことが「足」と呼ばれているのですが、山が靴を履くことはまずありませんね。

42 「二重母音」とは、ひとつの音節のなかに、二つの異なる母音が連続する音のこと。

今日では、ギリシアでmetaphoreという言葉を見かけることがありますが、この言葉は引っ越しのトラックにも記されています。これは、全然ばかげたことではありません。なぜなら、山に対する「足」という言葉は、人間の足という「元々の」場所から、あるやり方で、古代ギリシア語でいうところの「引っ越し〔＝比喩〕」をしたのですから。

私は現代ギリシア語を話せませんが、少しだけ理解することができます。古代ギリシア語についていえば、誰も話しませんが、読むことはできます。

――なぜ、バイリンガルの人々の方が、言語を学ぶ能力が優れているとされるのですか。

はじめに言っておくと、バイリンガルの人々が複数の言語を話すからです。彼らはいくつかの言語を話すことができ、彼らにとっては、いかなる言語も、ロゴス、すなわち、存在しうるただひとつの言語ではないからです。少なくとも二つの言語が存在する、としっかり理解できれば、それ以外の言語も存在していて、それらを比較することができる、ということもわかります。そのとき、私たちは〔言語の間の〕関係を手にすることができます。

古代ギリシア語では、ロゴスはまず「関係」を意味します。A／B、C／D、これがロゴスです。今日では、割合と呼ばれていますね。バイリンガルになると、いろいろな関係を明らかにすることができます。そして、関係を明らかにすることで、能力や知力を確かなものにすることができるのです。バイリンガルになると、ある言語と他の言語の間の、つまりはいくつもの言語の間の関係を明らかにすることができます。だからこそ、いろいろな言語を学びやすくなるのです。

——もっともよく話される言語が学校で話される言語なのは、どうしてですか。

あなたは、たとえば、自分の家ではある言語を話し、学校では別の言語を話しているのかな。あなたが話している言語を教えてくれますか。

――私は英語とフランス語を話します。

あなたはどのようにして英語を話すようになったのかな。あなたのご両親のどちらかが、英語を話すの？

――そうです。母がイギリス人で、父がフランス人です。なぜ私はフランス語の方をよく話すのでしょうか。

ほとんど答えを言ってくれたように思えます。あなたはお母さんと英語で話すけれど、フランスで生活しているのだから、お母さん以外の人とはフランス語で話しますよね。お母さんと話すよりも、他のみんなと話すことの方が多いのだと思います。だからといって、英語が、厳密な意味であなたの母語であることに変わりはありません。それから、あなたは英語で夢を見るんじゃないかな。

——**わかりません。**

次に夢をみたとき、注意してみてください。二つの言語で夢を見ている、と気づくかもしれません。それはありうる話ですから。あなたは英語で話すよりもずっと多くの人たちとフランス語で話しています。でも、お母さんと話すときは、すごく集中しているでしょう。

――あなたは最初に、それぞれの言語だけがもつ、言葉を発明するセンスについて話していました。英語がグローバル化しても、このセンスはなくならないのでしょうか。英語に由来するフランス語の言葉も、フランス語に由来する英語の言葉もありますが、少しずつ、世界中にひとつの言語しかない、という状況になってしまうのではないでしょうか。

それはありえることです。今日すでに、全世界で通用する一つの言語があると言えるところまできています。私はそれを「グロービッシュ」[43]や「グローバル・イングリッシュ」と呼んでいます。コーヒーを飲みたいとき、北京からタマンラ

43 「グロービッシュ (globish)」とは、国際共通語として用いられる英語のこと。本来の英語に比べて、語彙・

セット〔アルジェリア南部の都市〕にいたるまで、どこでもこのグロービッシュで注文することができます。

グロービッシュはコミュニケーションに使われる言語であり、〔異なる言語を〕媒介するものです。しかし、グロービッシュを英語と混同してはいけません。英語はグロービッシュよりもずっと豊かです。英語が文化や作品を伴った言語である一方、グロービッシュには作品がありません――ブリュッセル〔ベルギーの首都〕で、またフランスで、お金を引き出すときに書かれるような書類は作品ではないのです。

私の考えでは、グロービッシュはすでに存在しています。さらにまた、グロービッシュ以前にも、他の媒介言語[44]が存在していましたし、グロービッシュと比べることもできなくはあ

文法が制限され、簡便なものになっている。

44 「媒介言語（langues véhiculaires）」とは、同じ母語を共有しない人々の間で、コミュニケーションのために用いられる言語。「超民族語」とも訳される。東アフリカ一帯で用いられるスワヒリ語や、セネガルで用いられるウォロフ語が典型的な例である。ジャン＝ルイ・カルヴェ『超民族語』林正寛訳、白水社、一九九六年、二八‐三三頁を参照。

りません。両者のきわめて重要な違いは、以前の媒介言語が、言葉についても、言語の構造についても、グロービッシュほど単純ではなかったという点です。

たとえば、ギリシア人が「居住世界」と呼んだ場所で、彼らはコイネー〔koinê〕[45]、すなわち全員が共通して話せる言語（コイノス〔koinos、koinêの形容詞〕は「共通の」という意味です）を使っていました。先ほどお話ししたような本来のギリシア語とはかなり異なった言語が話されていたのです（基本的なところは同じでしたが）。

時代を下ると、ラテン語が帝国の言語として、それから教会の言語として用いられました。[46] 支配する側の人々と、もっとも一般的に用いられる言語との間にはつねにある関係が存

45 コイネーは古代ギリシア語で「共通の」を意味する。古代ギリシアの共通語。当時、各地方の方言が用いられていたが、マケドニアによるギリシア統一以降、コイネーが用いられるようになった。

46 ラテン語はローマ帝国の公用語として発展し、またキリスト教教会でも用いられた。ローマ帝国滅亡後、ラテン語は、ヨーロッパで大きな権威をもったカトリック教会の公用語として用いられ続け、学術・宗教などの分野での共通語となった。

47 アメリカ、カナダからなる北アメリカ大陸の文化を、ラテンアメリカとの対比で、アングロ・アメリカと

在します。共通の言語は、支配者であるギリシア人の言語であったり、支配者であるローマ帝国の言語であったりしました。そして現在、共通の言語は、ある意味ではアングロ・アメリカ帝国[47]の言語です。[48]

――グロービッシュが母語を征服してしまう、ということはありえますか。

それを避けるために、私は例の辞典〔『翻訳できないものの辞典』〕を作りたかったのです。ヨーロッパが抱える大きな脅威のひとつは、もはやグロービッシュとその方言しか存在しなくなるということです。つまり、母語が言語ではなくなって

呼ぶ。北アメリカ大陸には、元々多くの先住民（アメリカ・インディアン）が暮らしていたが、イギリスをはじめとしたアングロ・サクソン系の移民によって、今日のアメリカ合衆国が建国される。そのことから、現在の北アメリカ大陸の文化を、アングロ・アメリカと呼ぶことがある。

48　この表現は言語帝国主義を念頭に置いたものと考えられる。帝国主義は、武力や政治・経済的な優位を利用して他国に進出し、領土を拡大しようとする考えのこと。言語帝国主義といわれる場合、政治的・経済的に優位にある集団が、自分たちの言語を被支配層に押し付け、統治に利用することをいう。ここで言及されてい

しまい、家のなかで、また拡大家族[49]や、小さな村や街や国のなかで、仲間内で話される方言でしかなくなることです。コミュニケーションのためだけの言語という脅威は、まったく現実的なものです。この脅威に対抗するために、みなそれぞれが自分自身の言語を話し、ひとつ以上の言語を話すことが必要です。

たとえば、「反グロービッシュ」な戦闘態勢のうち、きわめて具体的なポイントのひとつは、バイリンガル版を作ることです。また、言語教育のマニュアルに、コミュニケーションのための文章だけではなく、文化に関わる文章、言い換えれば、美に関わる文章も載るようにすることです。こうした文章は、言語によって聞き取られるべきものです。いかなる言

るローマ帝国は、ラテン語を被支配層に押し付けていた、といえる。田中春美・田中幸子編著『よくわかる社会言語学』ミネルヴァ書房、二〇一五年、九四‐九五頁を参照。

49 「拡大家族（maison étendue）」とはいくつかの核家族が連合した家族形態のこと。核家族は夫婦とその子女からなる。拡大家族の場合、夫婦の親や兄弟の家族も含めて、ひとつの家族と捉えられる。

語の文章であっても、グロービッシュによって聞き取られることはありません。

だからこそ、私は嘆息を漏らすアキレウスや涙にくれるティス、あるいはラ・フォンテーヌのことにこだわったのです。そのとき、みなさんがそれぞれの言語について、それぞれの言語で、何かを感じ取れるようにするためです。

私には不気味に思われるのですが、〔言語の〕教科書には、その言語で書かれた文章はもはや載っていません。みなさんに手軽なコミュニケーションを学ばせるだけでよしとしているのです。言語は、コミュニケーションの道具ではありません。たしかに、言語のおかげでコミュニケーションがとれるのですが、言語はコミュニケーションとは別のものでもあります。

言語は世界の作者であり、世界の作品であり、世界を発明することと、世界を切り分けることです。危険は差し迫ったものですが、さまざまな言語が方言になってしまわないようにするのは、私たち自身なのです。〔そのためには〕それらの言語を話し、学び、尊重するだけで十分です。

――みんなが同じ言語を話すことの現実的な危険とは何ですか。

そうした言語は本当の言語ではないこと、そして本当の言語が私達から失われることです。グロービッシュは本当の言語ではありません。グロービッシュは、今のところ――とはいえこのことは、グロービッシュの根本にも関わっていますが——、コミュニケーションの手段でしかないからです。それは業務用の言語であり、文化をもつ言語ではありません。

美しい文章や良い文章、あるいは〔普通の〕文章は、どの言語によって書かれるのでしょうか。グロービッシュによってではありえません！　グロービッシュで書類を作ることはできます。でも、だからこそみなさんは書類を書かされるのです。しかし、どうしたらグロービッシュで詩を書けるでしょうか。それは面白い経験ではあるでしょうし、試してみることもできますが、少し皮肉な詩になってしまうでしょう。

ある言語で書かれた文章には、そのなかに、当の言語が経てきた歴史のようなものが、その言語に書き込まれた他の文章すべてと一緒に含まれています。これら他の文章によって、ある文章が豊かになります——そうした点が気づかれようと、そうでなかろうと。そしてある意味では、ある文章のうちで、他の文章が書かれてもいるのです。

グロービッシュでは、いかにして、文化と美の秩序のような何かが、コミュニケーションとは異なる何かが作られるのでしょうか。これは本当に重要な問題です。

グーグルが主張するところでは、グーグルは、未知のものを秩序だった樹形図につなぎ、ユーザーごとにそのユーザーの言語で話しかけるのだそうです。素晴らしいことでしょうね——それが本当なら！

でも、私が思うに、それはたんに言語の風味づけ（これはグーグルが用いている表現ですが）にすぎません。アイスクリームの味のようです。英語の味や、フランス語の風味、ロシア語やバスク語の味……などがあることになります。そこに言語はありません。言語の力や特異さのことを考えるなら、とても注意深くならなくてはなりません。私はここに〔グロービッシュの〕危険を感じます。

——言語が方言になるのはどんなときですか。

言語が外に広まっていかなくなるとき、内輪の発明しかなくなってしまったときです。方言は仲間内で話され、それ以外の人々には提示されません。それは私的なもので、拡大家族という領域にとどまります。公的な領域には属していないのです。方言は作品を生み出さず、話し言葉しか生み出しません。気を付けてほしいのですが、書かれた作品、形の定まった作品を、必ずしももっていない言語もあります。

この問題は複雑なので、私はこう言うようにしています。ある言語が方言になるのは、その言語がもはや他の言語に向かい合っていない場合であり、また、もはや複数の言語がなくなり、ひとつのグローバルな言語とローカルな話し言葉だけがある場合です。その場合、ローカルな話し言葉は、もはや互いに交流することがなく、もし交流するとしても、グローバルな言語を介してのことです。

――あなたがどのようにエスペラント語[50]の失敗を説明されるのか、気になります。

〔エスペラント語が失敗したのは〕エスペラント語が、どこまでも人工的な言語であって、そこには作者も作品もなかったからです。思うに、ヨーロッパ共同体は、きわめて賢明なことに、エスペラント語を求めず、コミュニケーションのために複数の言語を求めたのです――たとえ上手くいかないにしても。それが賢明だというのは、エスペラント語は純粋な人工物であり、言語ではないからです。

しかし、エスペラント語という理念を極限まで考えてみると、とても寛大で楽観的な展望が見出せます。この展望は、ライ

50　エスペラント語は、ラザーロ・ルドヴィゴ・ザメンホフが、ヨーロッパの諸言語をもとに、一九世紀末に発案した人工言語。国際的な共通語として活用するために作られた。日本を含めた各国に広まり、世界エスペラント協会はユネスコの諮問機関になっている。ただし、同協会のメンバーは一万人強にとどまる。

プニッツが「普遍記号」と呼んだものに似ています。[51] ライプニッツが生きたのは、デカルト[52]の時代、つまり一七世紀です。ライプニッツはドイツの人で、ドイツ語、フランス語、イタリア語、英語を話し、ギリシア語、ラテン語、ヘブライ語も、少なくとも読むことはできたようです。そして彼は、これらのうちの多くの言語で、物を書いたのです。

「普遍記号」というのは、次のような考えです。つまり、すべての人が根本的には同じ概念を抱いている。そして、基本的な概念、たとえば「人間」という概念をとりあげて、それを概念の小さな構成要素にまで単純化することができる。あたかも、「人間」という概念が、二〇ばかりの原始的な概念——動物、言語、笑い、死、などなど——からなっており、これ

51 ゴットフリート・ヴィルヘルム・ライプニッツは、一七－一八世紀のドイツの哲学者、科学者。神学や言語学などの分野でも業績があり、外交官としても活動した。主著として『形而上学叙説』や『モナドロジー』があるほか、数学者としては微積分法にも寄与した。「普遍記号」はライプニッツが提唱した考え方で、概念を小さな単位まで分割し、それらの組み合わせによって言語が成立するとされた。

52 ルネ・デカルトは、一六－一七世紀に活躍した哲学者、数学者。近代的な自我のあり方を探求したことから、近代哲学の創始者とされる。また、数学者として、解析幾何学を創

ら原始的な概念を組み合わせることで、ある言語のすべてを作り出すことができるかのようです。その場合、すべてが原子のように小さな概念にまで単純化され、みんなこのように、つまり計算するように話すことになるでしょう。

ライプニッツの考えとは、話すのではなく計算するというものであり、思い違いは計算ミスとみなされる、というものでした。この考えは失敗しており、誰一人これを実現できていませんし、最後まで考え尽くした人もいません。これは完全に観念的なモデルです。しかし、エスペラント語はその継承者なのです。

もっとも偉大なエスペラント語話者の一人に、クテュラ[53]という人がいました。彼はライプニッツの書いたものを編集し

始した。主著に『方法序説』『省察』など。

53 ルイ・クテュラは、一九―二〇世紀のフランスの数学者・哲学者。ライプニッツの研究で知られる。また、エスペラント語を元に、人工言語イードの普及に携わったことでも知られる。

た人物です。エスペラント語は、普遍記号の代用品だったのです。エスペラント語は上手くいきません。そもそも、エスペラント語を言語にするにはどうしたらいいのでしょうか。ライプニッツが望んでいたのは、理解し合えなかった人たちがテーブルを囲み、「計算しよう、そうしたら誰が正しいかわかる」と言い合える、ということでした。そんなことはありえません。言語は計算には落とし込めないのです。

エスペラント語は上手く機能しません。それは人工的で、不十分で、歴史の厚みも、記号の厚みもなく、作者も作品もないからです。詩人のミシェル・ドゥギー[54]の言葉を借りれば、「希望と絶望の言語〔désespéranto〕[55]」なのです……。エスペラント語は、死語と同様死んでおり、誰の母語でもありません。

54 ミシェル・ドゥギーは二〇一二一世紀のフランスの詩人、思想家。日本語訳に、詩の選集『愛着――ミシェル・ドゥギー選集』（丸川誠司

——アメリカの南部では、「スパングリッシュ」と呼ばれている言語が発展しました。これは、スペイン語と英語が混ざったものです。スパングリッシュは、本当の意味で、完全な言語になることができるでしょうか。また、スパングリッシュは、スペイン語と英語にとって危険なのでしょうか。

スパングリッシュは、コミュニケーションのための完全な言語になりえるでしょう。このコミュニケーションのための言語を支えとして、歌や作品が作られることさえありうるでしょう。この場合、スパングリッシュは、次第にひとつの言

訳、書肆山田、二〇〇八年）や、ボードレールを論じた『ピエタ——ボードレール』（鈴木和彦訳、未來社、二〇一六年）などがある。

55　エスペラント（Espéranto）とは「希望する者」の意だが、ドゥギーの表現 désespéranto では、それに否定の接頭辞 dé- が付され、「絶望」というニュアンスも付加されている。

語になっていくでしょう。私の考えでは、これは必ずしも危険なことではありません。このようにして、言語は生まれ、生きていくのです。言語は死すべき存在です。私は種の特殊創造説[56]に賛成ではありません。そうした説に従うなら、私たちはいまだにラテン語を話しているでしょう。フランス語も、英語も、スペイン語も、「スパングリッシュ」のようなものだと思います。スパングリッシュはとてもすばらしいものですし、活発になり、活気づいていくべきです。おそらく、いつの日か〔いわゆる〕スペイン語は死語になるかもしれませんが、「スパングリッシュ」も含めて、さまざまなスペイン語が残るでしょう。

実際、今日でも、『いろいろなスペイン語の辞典』という

56 「種の特殊創造説」は、聖書の記述に基づき、生物は創造の瞬間から不変のままであるとする説。生物のそれぞれの種が単純な原始生物から進化してきたとする進化論と対立する。

57 スペインにあるイベリア半島は、三世紀ごろにローマ帝国の侵入を受けた。その際に流入したラテン語を元に、地域ごとに別々の言語が用いられるようになった。ここで言及されるカスティーリャ語は、スペイン中央部の人びとが用いた言語である。一五世紀以降、カスティーリャ語が標準的なスペイン語だとされるようになった。よって、日本語でいうスペイン語とはカスティーリャ語

とてもすばらしい辞典があります。カスティーリャ語、スペインの様々な地域で話されているいろいろなスペイン語、キューバで話されているスペイン語、南アメリカで話されているスペイン語[57]が同じものではないと考えられたのです。そして、いかにしてそれらが働き、進化し、互いに交差し合うのか、いかにしてひとつの言語が「脱領土化[58]」されるのかが確かめられたのです。

「脱領土化」というとても気の利いた言葉は、発音するのがやや難しいですが、ジル・ドゥルーズ[59]という哲学者によって発明された、フランス語の新しい言葉です。言語たちは、活動し、生き、発明され、死に、交流します。私はアメリカに行ったとき、「スパングリッシュ」を耳にしました。そして、

のことを指す。ただし、スペインには他にもカタルーニャ語などの独自の言語があることから、それらと区別してカスティーリャ語と呼ばれる。他方、スペインは、大航海時代以降、中南米を中心に植民地を拡げ、この地にスペイン語を持ち込んだ。そのため、ブラジルを除く中南米（本文で言及されるキューバなど）ではスペイン語が通用する。

58 「脱領土化（非領域化、非属領化）」は、ドゥルーズが、精神分析家フェリックス・ガタリと共に提示した概念。ドゥルーズとガタリによれば、土地に何らかの刻印を押すことによって、その土地が誰かの領土になる

スパングリッシュは、実際危険なのかもしれませんが、しかしそれは同時に良い危険でもあり、発明の要因でもあるのです。

――あなたは全部でいくつの言語を話せるのですか。

おわかりのように、ある言語を話すのには、たくさんのやり方があります。私は、いくつかの言語を聞いて理解することができますが、それらを話すことはできません。私はフランス語と英語で授業をすることができ、ポルトガル語とスペイン語、そして多分イタリア語でも、質問に答えることができます。ギリシア語とラテン語を読むこともできますが、本

(領土化)。それに対し、領土からみずからの刻印を消し去ることが、脱領土化である。ここでは、さまざまな地域でスペイン語が話されることで、スペイン語が、スペイン本国の占有する「領土」ではなくなる、という意味で用いられている。

59 ジル・ドゥルーズは、二〇世紀に活躍したフランスの哲学者。ポスト構造主義の代表的人物に数えられる。「反復」や「差異」、「生成変化」といった概念群を用い、独自の哲学理論を提示した。『差異と反復』、『意味の論理学』の他に、スピノザ、ヒューム、ニーチェに関するモノグラフや、プルーストらの文学者を論じた著作など、幅広い著述を残した。

当にこれだけです。〔それ以外の言語については〕誰かが私に説明してくれると、なんとか理解できるぐらいです。

こうした状況から、私はいろいろな二言語を併用することが大好きです。二言語を併用する際、自分が話せないけれど察しのつく言語があり、それから、よく知っている言語への翻訳がなされます。二言語併用は、言語学習のためには素晴らしいことです。というのは、学習するときに、しっかりした土台のある美しい文章に頼ることができるからです。学校の教科書はどれも、映画館への道を尋ねるやり方を学ぶだけになっていますが、そんなことはしなくてよいのです。

——ある言語がひとつあれば、いくつもの言語を覚えられ

また、精神分析家のフェリックス・ガタリとの共著『アンチ・オイディプス』や『千のプラトー』もある。

る、というようになっていないのはどうしてですか。

すでにひとつの言語があり、他の言語もいくつかあって、すべてを学習することはできるけれど、あまりに時間がかかる、ということかな。どんな言語も、他の言語に匹敵するわけではありません。私は絶対的な言語というものを知りません。君は何語を話すのかな。

――フランス語とチュニジア語を話します。

チュニジア語というのは、アラビア語かな。それとももっと特定の地域の言語かな。[60]

60 ここでは便宜的にチュニジア語と

――アラビア語です。

それなら、あなたは二つの言語を話すのですね。それだけでもたくさんの言語ですね。あなたが知りたいのは、もっと別の言語を覚えるために、何をしたらいいかということかな。

――はい。

学校に行って、良い先生や良い本と出会い、よく勉強して、勉強している間も楽しんで、いろいろな文章を読むことです。覚えたい言語を選んで、その言語を話す友達を作り、彼らと

したが、厳密にはチュニジア語という言語はない。質問者が指すのは、アラビア語のチュニジア方言だと思われる。アラビア語には、コーランを規範として発展してきた正則アラビア語（フスハー）と、日常的に用いられる民間アラビア語（アンミーヤ）とがある。後者は各地で方言があり、チュニジアの方言もその一つ。

話すことです。あなたがその言語を覚えたければ、こういうことはとても自然ななりゆきです。

——ある言語を学んで、その言語を学び終えたとき、それが私たちの母語のようになっている、ということはありえますか。

わかりませんが、ありえないと思います。あるいはむしろ、すべては「のように〔comme〕」〔の意味〕にかかっています。こう考えてみたいと思います。人は母語を忘れることがありえる。そしてそうなるのは、とても早くに、母語を誰とも、自分とさえ使わなくなる場合である、と。その場合、他の言語のもとで、それがずっと自分のものであった「かのように〔comme si〕」(「かのように」とはどういう意味なのでしょうか)、生きていかなければなりません。

また、言語をとてもよく学び、その言語を深く愛することができ、その結果、水のなかの魚であるかのように、そしてその言語をずっと知っていたかのように、その言語のなかで安らぎを感じるということもあるかもしれません。そうした言語は、ある意味で、選択された母語といえるでしょう。そうでないことがあるでしょうか。

しかし、私の考えでは、これは珍しいことです。私としては、別の側面から考えてみたいと思います。それは、母語の特別さが残り続ける、という側面です。ハンナ・アーレント[61]

61 ハンナ・アーレントは、ドイツ出身のユダヤ人で、二〇世紀の政治哲学者。ハイデガー、次いでヤスパーが、このことについて詳しく語っています。[62]彼女は哲学者で、もう一人のドイツの哲学者である、ハイデガーの生徒でした。彼女はユダヤ人で、一九三三年にドイツを出ました。彼女は逃亡したのです。ハイデガーはドイツに留まりましたが、彼はナチでした。アーレントはハイデガーの愛人でした。このあたりのことは、少し複雑なのです。彼女はドイツを出て、フランスに至り、それからアメリカに行きました。

彼女はフランス語を話し、その後は英語を話しました。彼女は、何年もの間、つまりおよそ三五年に渡る彼女の後半生の間、アメリカで暮らしました。彼女の語るところでは、彼女はアメリカでずっとドイツ語のなまりを失わず、このなまりを愛してもいました。

62 マルティン・ハイデガーは、二〇世紀最大の哲学者の一人に数えられるドイツの哲学者。存在の根本的な意味を究明した『存在と時間』は、後世に多大な影響を与えた。他方、ハイデガーには、ナチに加盟し、ヒトラー政権下でフライブルク大学スのもとで哲学を学んだ。ヒトラーのナチ政権によるユダヤ人迫害を受けて、フランスへ、次いでアメリカへ逃れる。戦後、ナチによるユダヤ人虐殺（ホロコースト）や、全体主義に対する批判から出発して、近代世界における人間のあり方を問うた。著作に『人間の条件』『全体主義の起源』『イエルサレムのアイヒマン』など。

彼女の優れたインタビューはいくつかありますが、そのなかでもギュンター・ガウス[63]というジャーナリストによるものがとりわけ優れています。そのインタビューは「何が残った？　母語が残った」という題のものです。彼女の語りによれば、ドイツ語は、「私の記憶の背景に[64]」残ったのであり、ずっとそこに、彼女の脳裏に残ったといいます。母親のドイツ語が、子守歌のドイツ語が、それから詩のドイツ語が、そして哲学者のドイツ語が残ったのです。

母語というものを定義しようとしたとき、私が思い浮かべていたのはまさに彼女でした。彼女の話は、なぜこんなに興味深いのでしょう。それは、彼女の母語であるドイツ語が、彼女にとって恐ろしい言語に、〔すなわち〕ナチの言語になって

学長を務める、というスキャンダラスな過去もある。他の著作に『ヒューマニズム書簡』『芸術作品の根源』など。

63　ギュンター・ガウスは、ドイツのジャーナリスト。はじめ西ドイツのテレビで放映されたこのインタビュー（一九六四年）はアドルフ・グリム賞を受賞し、「何が残った？　母語が残った」という題で公刊された。ハンナ・アーレント「何が残った？　母語が残った――ギュンター・ガウスとの対話」、『アーレント政治思想集成1』齋藤純一・山田正行・矢野久美子訳、みすず書房、二〇〇二年。

64　同前、一九頁。

いたからです。それは、殺す者たちが用いる言語であり、言語で殺す者たちの言語でした。ある程度までは、ハイデガーもその一人でした。彼はドイツ語の言葉を、ハンナ・アーレントのような人が自分のものにできなくなるような意味合いで用いたのです。

　私はこのことをよく理解できます。というのも、私の両親は、私がドイツ語を学ぶのをほとんど禁じていたのです。おかしなことですが、そういうことがあったのです。私が初めてベルリンに行ったとき、場所がなかったので、電車の通路で寝ていました。そして私は誰かに起こされたのですが、起こした人は私に、「外に出て、すぐ！〔Raus, schnell!〕」と〔乱暴に〕言ったのです。両親は正しかったのだと悟りました。な

65　パウル・ツェランは、二〇世紀に活躍したユダヤ人の詩人。第二次世界大戦中、ナチス・ドイツによって強制収容所に収容されるが、戦後、その体験を引き受けながら詩を発表した。戦後はパリに居住したが、ナチス・

んて言語でしょう！

ハンナ・アーレントは、ドイツ語がナチの言語であり、また同時に、彼女の母語でもあることを分かっていました。このような事態は、彼女以外の人たちにも生じました。非凡な詩人であるパウル・ツェラン[65]はある問いを詩にしました。その問いとは、アウシュヴィッツ[66]の後で、この母語〔ドイツ語〕について、またこの母語のうちで、何が言われうるのか、というものでした。

ハンナ・アーレントは、そのインタビューのなかで、こう叫んでいます。「狂ってしまったのはドイツ語ではないでしょう[67]」。これは尋常ではないことです。どんなものであっても、どんなものになったとしても、母語は、根本的には、母語の

ドイツの言語であるドイツ語を用いて詩作し続けた。

66 アウシュヴィッツは、ポーランドの地名。ポーランド語ではオシフィエンチム（Oświęcim）という。ナチによってユダヤ人の絶滅収容所が作られた場所として知られる。百万人以上の収容者が虐殺された。ナチによる絶滅政策は、アウシュヴィッツ以外でも行われたが、アウシュヴィッツが特に知られていることから、この地での虐殺の絶滅政策そのものを指す言葉としても用いられる。

67 「何が残った？　母語が残った」、一九頁。

ままであり続けます。ハンナ・アーレントにとって、ドイツ語とは、恐怖にも関わらず、またその亡命生活を通じて、本当に「残り続けた」、唯一のドイツのものなのです。

しかし、彼女の『思索日記』[68]も同時に読まなくてはいけません。そのなかで彼女は、日常のなかで彼女の頭の中に生じること、彼女が考えていることを語っています。彼女は、そこで、自分の蔵書にある哲学書を用います。彼女はプラトン[69]をギリシア語で引用し、デカルトをフランス語で、カント[70]をドイツ語で引用するのです。いろいろな言語をモザイク的に寄せ集めることで、彼女は、自分が「世界の不安定な多義性」[71]と呼ぶものを自覚していくのです。

そして、彼女が書くところによれば、いくつも言語があり、

68 ハンナ・アーレント『思索日記』青木隆嘉訳、全二巻、法政大学出版局、二〇〇六年。

69 プラトンは、紀元前五 - 四世紀の古代ギリシアの哲学者。師ソクラテスを中心とする登場人物が、哲学的論題を巡って議論する問答法という方法を用い、多くの対話編を残した。主著に『ソクラテスの弁明』『パイドン』『国家』など。

70 イマヌエル・カントは、一八世紀ドイツの哲学者。人間の認識能力の限界を問う『純粋理性批判』、倫理学

それらを学びうるという事実のおかげで、人間は、人間の条件のうち最良のもの、すなわち「不安定な多義性」という条件のもとで、存在できるのです。それゆえ、ひとつの母語があり、いつまでも比類なきものであり続けるのですが、それでも同時に、他の言語もまた目の前に現れてくるのです。

他の言語も存在しているということは、根本的に重要です。というのは、他の言語のおかげで、母語を——そして母語を通じて世界を——刺激し、揺さぶることができるからです。

狂った母語、ということになるでしょうか。このことに興味があれば、ヴィクトール・クレンペラーの[72]『第三帝国の言語〈LTI〉　ある言語学者のノート』を読むとよいでしょう。クレンペラーは、哲学者にして言語学者で、ユダヤ人の教授

に属する『実践理性批判』、美学に属する『判断力批判』からなる、いわゆる三批判書は、近代以降の哲学に大きな影響を与えた。

71 アーレント『思索日記』、六三頁。

72 ヴィクトール・クレンペラーは、二〇世紀ドイツのユダヤ人文学者・言語学者。ナチの迫害から生き延び、その経験をもとにして『第三帝国の言語〈LTI〉　ある言語学者のノート』（羽田洋他訳、法政大学出版局、一九七四年）を刊行した。この書物は、彼が戦時下で書き留めた日記『私は証言する』（小川－フンケ里美・宮崎登訳、大月書店、一九九九年）に基づいている。

でしたが、教えるのを禁止されていました。しかし、彼はドイツのユダヤ人の家[73]に留まることができました。彼の妻が非ユダヤ人だったからです。そして、彼は生き延びました。

彼はドイツ語がナチズムを湧き立たせるのを目にし、その状況を日々書き連ねました。彼はある言語が変容していくのを目の当たりにし、言語がいかにして変わっていくか、別の意味に突然侵入されたのはどの言葉なのか——たとえば「組織化する[74]」という言葉——、もはや使われなくなったのはどの言葉なのかを、注意深く観察しました。このような〔変質した〕言語を、彼はLTI〔Lingua Tertii Imperii〕、すなわち第三帝国[75]の言語と呼びました。このような言語は知性の錯乱です。

私は南アフリカで似た例を見たことがあります。そこで私

73 「ユダヤ人の家」とは、ナチス・ドイツにおいて、ユダヤ人が強制的に集住させられた住居のこと。クレンペラーも、彼の家を強制的に追い出され、一九四〇年五月からユダヤ人の家に移住することになった。『私は証言する』、一三二-一四五頁。

74 ナチス・ドイツは「体制（System）」という言葉をヴァイマル共和国の体制を表す悪しき言葉として忌避した。その代わり、自らの体制のことを徹底して「組織（Organisation）」と呼んだ。その動詞形organisierenは次第に意味が拡張していき、「計画する、上手くやる」といった意味でも用いられるようになった。クレンペラー『第三帝国の言語〈LTI〉』、第一七章。

は「真実和解委員会」[76]の人々と共にたくさん働きました。この委員会は、ネルソン・マンデラとデズモンド・トゥトゥ[78]とともに、アパルトヘイト[79]の後に血の海が生じるのを防ぐことに成功した組織です。

ボーア人[80]の言語、つまり南アフリカで話されていたオランダ語もまた、ある仕方で、恐ろしい出来事を湧き立たせた言語になりました。有名なジャーナリストのアンキー・クロッホ[81]は自問しています、いかにしてボーア人の言語を話せばよいのか、と。

話が逸れましたが、私の考えでは、母語はいつまでも母語であり続けます――母が母であり続けるように。また私が思うに、母語が狂ってしまったり、狂わされたりすることもあ

75 「第三帝国」は、ナチス・ドイツの自称。ナチス・ドイツは、神聖ローマ帝国を第一帝国、ホーレンツォレルン家によるドイツ帝国を第二帝国ととらえ、自らをそれらに連なる第三帝国だとした。

76 真実和解委員会は、アパルトヘイト終結後、アパルトヘイト期の出来事を究明し、和解を実現することを目指して発足した組織。デズモンド・トゥトゥを委員長として、一九名の委員から組織された。

77 ネルソン・マンデラは、二〇世紀の南アフリカ共和国の運動家、政治家。南アフリカでは、白人政権が、黒人に対する人種差別的政策を展開

りえます。必要なのは、母語がいくつもあり、別の母親たちがいるということです。そのことによって、母語は息を保つことができ、再び動き出すことができるのです。

――たとえば、「家〔maison〕」が「食べる〔manger〕」と呼ばれないのは、なぜですか。

この質問は、哲学ではきわめて重要な問題で、「記号の恣意性[82]」と呼ばれるものに関わっています。「家」が「食べる」と呼ばれないことには、実際には、何の必然性もありません。しかし、言語が意味をもつのは、全体としてだけです。違いこそが意味を生み出すのです。「家」を「食べる」と呼ぶこと

していた。マンデラは、アフリカ民族会議に所属して、反アパルトヘイト運動を主導した。一時投獄されるも一九九〇年に釈放され、一九九四年に大統領に就任した。一九九三年には、白人政権最後の大統領だったフレデリック・デクラークと共にノーベル平和賞を受賞している。

78 デズモンド・トゥトゥは、南アフリカの黒人宗教家。アパルトヘイトに抵抗して人種差別撤廃を訴え、一九八四年にはノーベル平和賞を受賞した。アパルトヘイト終結後は、真実和解委員会の委員長を務めた。

79 アパルトヘイトは、二〇世紀に南アフリカ共和国で行われた人種差別政策。

はまったく可能ですが、重要なのは、「家」と「食べる」の間に違いがあるということです。ある言語は、一連の類似と違いからできています。離れ離れで、みずから完結した諸要素から成り立っているのではありません。

それから、あなたがフランス語で「maison〔家〕」と呼んだものは、英語ではhouseと呼ばれますね。音の連なりと世界に存在する物体との間に、必然的な繋がりはないのです。このようなことが、記号の恣意性と呼ばれています。

しかしながら、フランス語で家が「家」と呼ばれ、「食べる」と呼ばれないのは、言語の歴史、すなわち語源のためです。言葉はどこからくるのでしょうか。言葉はどのようにして作り出されたのでしょうか。その起源はどこにあり、どう

80

ボーア人とは、南アフリカに渡ったオランダ系移民のこと。アフリカの南部には、ズールー人やサン人など多くの民族が暮らしていたが、一七世紀初頭にオランダ東インド会社

アフリカーンス語で「隔離」を意味する。南アフリカでは、オランダ・イギリスから移民した白人が政権を握り、黒人を支配していた。白人政権は、黒人を民族ごとに分断し、居住地、職業、賃金、性関係にいたるまで黒人の活動を制限し、白人との隔離を進めた。アフリカ民族会議を中心とする黒人の抵抗運動や、国際的非難によって、一九九四年にはネルソン・マンデラを首班として新政権が誕生し、制度的差別は終焉した。

やって進化したのでしょうか。長い時間を通じた動機づけ[83]によって、記号が確定されていくのです。
もっとも、私は「家」の語源がどういうものか知りません。たとえば、ラテン語で「留まる」を意味するmanereかもしれません。家とは、人が留まるところだというわけです。ところが、ラテン語そのものを見てみると、「家」にあたる一般的な言葉はdomusです。これは〔フランス語では〕「家」ではなくて「demeure〔屋敷〕」を意味します。domusは、dominus、すなわち（家の）主人という言葉と同じ語族[84]からきています。ラテン語で家とは、家の主人が君臨する場所なのです。ここに、数々の言語や表象の間の違いをあらためて見出すことができます。

がこの地に進出した。その後、多くのオランダ人移民が移り住み、後発のイギリス人移民と競合しながら、現在の南アフリカ共和国の原形が作られた。ここで言及されているのは、支配層であったボーア人が話していた、アフリカーンス語のこと。

81 アンキー・クロッホは、南アフリカのジャーナリスト。『カントリー・オブ・マイ・スカル　南アフリカ真実和解委員会「虹の国」の苦悩』（山下渉登訳、現代企画室、二〇一〇年）では、犠牲者と加害者双方の証言を取材して、南アフリカの痛烈な過去を明らかにした。

82 「記号の恣意性」は、言語学者ソそれに対して、「食べる」は〔ラテン語の〕mandicare、すなわち「あご」を動かすこと、という言葉からきています。言葉には歴史があり、この歴史のおかげで、言葉が意味するところをよりよく理解できるのです。それぞれの言葉は、ある歴史と表象の結果なのです。しかし、それぞれの言葉が意味をもち、他のものではなくてこのものを指し示すのは、同じ言語のうちの他の言葉との違いにおいてだけなのです。

そのうえ、ある言葉が意味をもつためには、あなただけがその言葉をそのような意味で用いているのではないことが必要です。〔言葉についての〕取り決めや約束事が必要なのです。あなたが決心して、自分が住んでいるところを、「食べる」と呼ぶことにしたとしても、誰もあなたの言うことを理解しない

シュールの用語。言葉や記号と、それが指し示す対象の間に必然的関係はなく、それらは偶然結びつくにすぎないという性質のこと。この性質に基づいて考えると、ある言葉が対象を指し示すことができるのは、他の言葉との違いによってでしかない。たとえば「りんご」という言葉が、現実のりんごを指し示すことができるのは、それが「ぶどう」や「みかん」とは異なる果物を指し示すことによるのであって、「りんご」という言葉そのものに現実のりんごの意味が含まれているわけではない。

83 「動機づけ（motivation）」は、言語学においては「有契性」と訳されることもある。有契性とは、言葉とそ

でしょう。もしあなたが、「私には赤い屋根をした食べるがあります」と言ったら、最終的には理解してもらえるかもしれませんが、それでも、みんなはあなたに何があったのかと考えてしまうでしょう。

もうわかったでしょうか。結局、たくさんの理由があって、「家」は「食べる」とは呼ばれないのです。そして、言葉にまつわる約束事を自分だけで変えるには、多くの困難が伴います。もしそうしたら、おかしな人だと思われたり、また〔実際に〕おかしな人になったりしてしまうのです。けれども、ものの見方や言い方、考え方を変えることで、〔言語を〕改善し、微妙に変化させ、発明することはできます。

また、より優秀な人であれば、〔言語に〕逆らって先に進む

の意味、あるいは言葉同士の間に必然的関係があることを意味する。擬音語や、派生語・複合語、比喩などが典型的な例である。

84 同じ言語から派生したと考えられる言語の集まりを「語族」という。最大の語族はインド・ヨーロッパ語族で、英語、ドイツ語などのゲルマン諸語、フランス語などのロマンス諸語から、ヒンディー語やペルシャ語なども含む。

こともできます。こうした進展は誰にも邪魔できません。これは、ときに哲学者や作家、詩人、政治家がやっていることで、そして実はラッパーがおこなっていることです。

あなたの質問にもっとうまく答えるためには――またその前に私のためでもあるのですが――、哲学の歴史、そして言語学の歴史のすべてをゆっくりと展開しなければならないでしょう。ただ、あなたの質問はとても簡潔ですし、あなたの驚きは自然なことです。要するに、あなたは哲学者なのです。

訳者あとがき

本書は、フランスの哲学者バルバラ・カッサンがパリ郊外の子ども向けにモントルイユ新劇場でおこなった講演と質疑応答の記録です。

講演の主題は、グローバル化の進展によって多言語の状況が生じている今日、母語とは何か、また、別の言語を学んだり話すことにいかなる意味があるのか、です。

この主題を基にして、議論が多種多様に展開されていきます――自分の母語だけを特別扱いしてしまうと、古代ギリシアのように、ほかの言語は野蛮なものに聞こえるおそれがあるのではないか。私たちは言語を道具のように所有して使用しているのか。外国語の発音に骨が折れるように、言語の身体感覚を身につけるのはどれほど難しいのか。複数の言語を経験することは、いかなる世界の経験につながっているのか。異なる言語のあいだで翻訳できないものにはどんな効果があるのか。同じ言葉が異なる意味をもっている「同形意義語」から何がわかるのか。テクストの翻訳にはどんな方法があるのか。語彙の豊富さなどの点から、言語のあいだで優劣はあるのか。バイリンガルの人々が身につけているのはいかなる能力なのか。グローバル化とともに浸透している英語の画一的な使用についてどう考えればいいのか。エスペラント語のような普遍言語の試みをどう評価すればいいのか。外国語を習得して母語のように扱うことはできるのか……。

子ども向けの講演と質疑応答とは思えないほど濃密な議論が展開されていることには驚かされます。逆に、子どもとの対話だからこそ、率直な疑問や語り口で本質的な問いを深めることができたのかもしれません。

『ヨーロッパ哲学語彙――翻訳できないものの辞典』の試み

グローバル化状況において人と物とサーヴィスが国境を越えて行き交うなかで、言語の複数性はつねに課題になります。人や物が物理的に国境を越えることは容易ですが、言葉の壁を越えることは、機械翻訳が進んでいるとはいえ、まだ困難だからです。

異なる言語間の問題を解消するために、英語が世界標準の言語となり、共通のツールとなっています。英語の標準化の流れを止めることはできませんし、実際、話者・学習者の数からして、英語による交流は便利です。

ただ、カッサンは英語による言語の画一化に危機感を抱いています。それは支配的言語によって世界が平板なものとなり、その多様性や複雑性が失われることへの懸念です。本書のタイトル「ひとつ以上の言語」は哲学者ジャック・デリダからの引用ですが、言語の複数性を重視する彼女の立場を集約した表現です。

言語の複数性がいかに重要なのかを説くカッサンの貴重な仕事として、本書でも参照されている『ヨーロッパ哲学語彙――翻訳できないものの辞典』(*Vocabulaire européen des philosophies*, Le Seuil & Le Robert, Paris, 2004) を紹介しておきましょう。彼女が編纂した『ヨーロッパ哲学語彙』は、哲学をめぐる多言語的な協同の驚嘆すべき成果です。

この辞典ではフランス内外の一五〇名以上の研究者が分担執筆しており、ヨーロッパの一五の言語を横断して、四〇〇項目、四〇〇〇の語や表現が収録されています。一〇年以上の歳月をかけて完成したこの前代未聞の辞典は、一万五〇〇〇部以上の売り上げを記録しました。翻訳できないものと副題に掲げている辞典ですが、英語やスペイン語など数々の言語に翻訳されています。

『ヨーロッパ哲学語彙』はフランス語で刊行された辞典ですから、見出し語は基本的にフランス語です。ただし、フランス語で見出しが置かれたあとで、ギリシア語、ヘブライ語、ラテン語、ドイツ語、英語、バスク語、スペイン語、イタリア語などで、これに相当する語が並んでいて、言語間での意味のネットワークが示されています。

そして、翻訳という視点から辞書が編まれていることから、見出し語の言語自体が多様です。それぞれの概念に適した言語が見出し語として選ばれているのは実に独創的です。たとえば、ドイツ語での見出しとして、Begriff（概念）、Dichtung（詩作）、Ereignis（出来事）、Erscheinung（現象）、Gefühl（感情）、Gut（良い）、Kunst（芸術）、Leib（身体）、Natur（自然）、Sein（存在）、Selbst（自己）、Tatsache（事実）、Welt（世界）などが配されています。ヘブライ語なら、há（ある）、torah（法）、ギリシア語なら、esti（ある）、doxa（臆見）、eidôlon（イメージ）、eleutheria（自由）、logos（理性、言葉）、mimêsis（模倣）、oikonomia（経済）、pathos（情熱）、pronêsis（思慮）、polis（政治）、praxis（実践）、themis（掟）などが見出し語になっています。ラテン語として、ingenium（気質）、intellectus（知性）、lex（光）、dictum（言述）、pietas（敬虔）、religio（宗教）、res（物）。英語では、chance（チャンス）、fair（公平）、gender（ジェンダー）、law（法）、nonsense（ナンセンス）。ロシア語なら、Istina（真理）、Mir（宇宙）、Narod（民衆）、Pravda（真実）、Samost'

（自己）、Svet（光、世界）、Svoboda（自由）。イタリア語のdisegno（デザイン）、laggiadria（優美）、stato（国家）、virtù（徳）、ポルトガル語のficar（留まる）、sadade（郷愁）、スペイン語のdesengaño（幻滅）、de suyo（おのずから）、デンマーク語のevighed（永遠）も選ばれています。各言語から概念の多様性が示されていて、同じ言葉でも異なる歴史的文脈によって多彩な意味をもつことがわかります。

翻訳できないもの

辞典の副題にある「翻訳できないもの」とは、文法的にみてこれまで翻訳できなかったもののことではありません。翻訳不可能なもの、翻訳が難しいものはありふれていて、たとえば、日本語なら「わび・さび」「あはれ」「もったいない」「いただきます」「おつかれさまでした」などは、直接翻訳することは難しいでしょう。カッサンがいう「翻訳できないもの」はむしろ、これまでたえず翻訳されてきたものです。既存の言葉から適切な言葉を探し出して当てはめたり、必要ならば新語を発明したり、古い言葉に新たな意味を込めて用いたりすることで翻訳はなされてきました。本書では、「自由」という概念をめぐって、フランス語のlibertéが、英語ではlibertyとfreedomと表現されるという例が挙げられています。同じ概念がある言語ではひとつの言葉で、別の言語では二つの言葉で表現されるわけですが、ここから、これらの言葉の語源や、言語の歴史的・社会的な文脈がどうなっているのかという疑問が生じてきます。翻訳することで垣間見えるのは、それぞれの言語のあいだにある翻訳不可能な余白です。意味の編み目のずれが浮き彫りになり、異なる言語と思考、文化の比較が可能となるのです。

翻訳できないものをめぐって、注意すべき点があります。カッサンによれば、翻訳できないものを神聖視しすぎてはいけません。たとえば、先ほど挙げた「わび・さび」ですが、これは日本独自の精神性を凝縮している言葉で、外国語への簡明な翻訳が困難です。たしかに「わび・さび」には日本の精神や文化の固有性が認められるのですが、翻訳不可能であるという理由で、必要以上に特権化する必要もありません。翻訳できないものを神聖化してしまうと、当該の言語や文化を特別視することになり、ほかの言語や文化と比較して理解する可能性が閉ざされてしまいかねません。

哲学の議論で言うと、ギリシア語の翻訳不可能性についてはたびたび問われてきました。哲学が誕生したのは、ソクラテスやプラトンらが用いていたギリシア語によってです。哲学の起源に遡って、真理を得るためには、ギリシア語の深い理解が必要です。ここから、翻訳不可能なギリシア語の言葉をもっとも適切に翻訳できる言語こそが、哲学にふさわしいという考え方が出てきます。ハイデガーは、ギリシア語をもっとも真正に理解することができるのはドイツ語だと主張しました。ただ、翻訳できないものが聖別化されると、翻訳による交流が閉ざされ、言語ナショナリズムに陥ることになります。カッサンは翻訳できないものを根拠にして、ある言語が神聖化されることを退けます。翻訳できないものは特定の言語を優位に置くのではなく、むしろ翻訳への試みを促し、言語や文化の交流を活性化させるのです。

『ヨーロッパ哲学語彙』はいくつもの言語に翻訳されていますが、それぞれの翻訳では原書にはなかった発展がみられます。筆者は二〇二三年冬にパリでカッサン氏にお目にかかる機会がありましたが、彼女が「もし日本語訳を作成するなら、日本語の文脈に即して増補してほしい」と語っていたのには感銘を受けました。『ヨーロッパ哲学語彙』は、ヨーロッパの諸言語を通じて、既定の哲学的概念を翻訳できないもので揺さぶる試みです。カッサン氏はさらに、こうした試みがヨーロッパ以外の言語の視点で展開されることを願っています。なぜなら、翻訳できないものはたえず翻訳されることを求め、世界の豊かな複雑さを開いてくれるからです。

著者バルバラ・カッサンについて

本書の著者バルバラ・カッサンは一九四七年生まれで、古代ギリシア哲学の研究者です（カッサンのより詳細な経歴と業績については、『ノスタルジー』（花伝社、二〇二〇年）で訳者の馬場智一氏が解説を付していますので参照してください）。現在、フランスの国立科学研究所（CNRS）の名誉ディレクターを務めていて、アカデミー・フランセーズの会員にも選ばれています。アカデミー・フランセーズは一七世紀に宰相リュシュリューが創設した団体で、小説家や哲学者、科学者、政治家など、厳選された四〇名の会員で構成される、フランスでもっとも権威ある国立学術機関です。カッサンは歴代九番目の女性会員で、二〇一九年、彼女の入会はメディアでも話題になりました。

カッサンは最初、ソフィストの文献の注釈や翻訳に従事しました。古代ギリシアにおいて、ソフィストは相対化された真理を吹聴して人々を扇動する詭弁家として、ソクラテスから厳しく批判されました。ソクラテスからすれば、演説や問答の腕前を磨くことを目指すソフィストの教育は、真理を探究する哲学の営みとはかけ離れたものとみなされました。「哲学」が成立するにあたって、ソフィストはその真正な歴史に取り憑いた他者とされてきたのです。

しかし、カッサンの見解によれば、ソフィストの詭弁はまさしく、別の仕方での哲学です。パルメニデス以来、存在からいかに真理を導き出すのかが問われたのに対して、ソフィストは言語がいかに存在をつくり出すのかに着目し、これを実践します。言葉によって世界を発見するのではなく、言葉が世界を創造する効果を、彼女は「ソフィスト的効果」と名づけています。これは現在の言語行為論、つまり、言語が意味を伝達するのではなく、発話行為によって社会的事象をつくり出すという考え方にも通じるものです。この着想は政治的な次元を分析するのにも有益です。政治的な秩序は言語によってその都度構築され改編される秩序だからです。

真理ではなく行為遂行と結びついた言語活動への着目から、カッサンは精神分析にも関心を寄せています。ソフィストも精神分析家も、話者の言葉の背後にある唯一の真理を前提とするのではなく、言葉の戯れに耳を傾けて、さまざまな真理を聞き取るからです。その成果は、ラカン論『ソフィスト、ジャック――ラカン、ロゴス、精神分析』(*Jacques le Sophiste. Lacan, logos et psychanalyse*, EPEL, 2012)として刊行されています。

また、カッサンは南アフリカのアパルトヘイトが終結した後、「真実和解委員会」に参加しています。

その公聴会では、アパルトヘイトにおける人権侵害と政治的抑圧の実態を解明するべく、被害者と加害者がみずからの経験を証言しました。和解に向けてまず、数多くの証言によって真実を共有することが目指されたのです。証言という行為遂行から過去を再構築し、未来の和解を構想していく作業は、カッサンにとって、「ソフィスト的効果」にも通じるものでした。

カッサンの著作の日本語訳として、『ノスタルジー——我が家にいるとはどういうことか？オデュッセウス、アエネアス、アーレント』(*La nostalgie. Quand donc est-on chez soi ? Ulysse, Énée, Arendt,* Autrement, 2013. 日本語訳は前掲）があります。ノスタルジーは郷愁や望郷の念のことで、私たち誰もが経験する情感です。故郷から遠く離れて、彼の地へと帰還する苦難を味わうという事例は、ホメロスの『オデュッセイア』などの文学作品でもしばしば表現されています。ノスタルジーはきわめて現代的な経験です。移動手段が発達し、経済活動の幅も広がったことで、故郷を離れる人々が多数になっています。紛争や迫害によって、国外に庇護を求めて脱出せざるをえない難民は後を絶ちません。

カッサンは、たとえ故郷を離れたとしても、魂の欲求を満たしつつ我が家にいる状態を保つにはどうすればいいのか、という今日的な問いに取り組んでいます。

「小さな講演会」について

本書の元になっているのは、「小さな講演会（Les petites conférences）」シリーズでのカッサンの講演です。「小さな講演会」は、二〇〇一年からパリ郊外のモントルイユ新劇場で続けられているシリーズです。「小さな講演会」はベンヤミンの子ども向けラジオ放送に着想を得て、「子どものための啓蒙」とも名付けられています。同劇場のディレクターで演出家のジルベルト・ツァイによる発案でした。

講演会は土曜の午後に開かれて、研究者やアーティスト、ジャーナリストが登壇します。たしかにフランスには哲学カフェの伝統があり、子ども向けの哲学に関する活動や書籍もたくさんあります。たとえば、『哲学のおやつ（Les Goûters Philo）』は大人気のシリーズ本で、「いいとわるい」「うつくしいとみにくい」「成功と失敗」といった身近な事例から哲学的な議論を深めることができます（日本語訳が汐文社から刊行されています）。ただ、「小さな講演会」シリーズは著名な講演者らが大ホールで子どもを相手に語る点で独特です。講演者に求められるのは、自分の知的探究や実践的活動を語ることで、会場に集う子どもたちに自分の情熱を伝えることです。

これまでの登壇者は、哲学者のジャン＝リュック・ナンシーやジョルジュ・アガンベン、アラン・バディウ、カトリーヌ・シャリエ、エリザベート・ド・フォントネイ、作家のエレーヌ・シクスーや関口涼子、歴史家のジャン＝ピエール・ヴェルナン、美術史家のジョルジュ・ディディ＝ユベルマンなど、実に豪華なメンバーです。講演の記録は、バイヤール出版社から小冊子の形で続々と刊行されていて、現在まで五〇点以上刊行されています。

とりわけ、ジャン＝リュック・ナンシーは多数の講演を引き受けています。この老哲学者は毎回一五〇名ほどの六歳から一二歳の子どもたちを前にして、「神」「愛」「正義」「美」「出発」「服従」「数量」「嘘」……といった主題を解きほぐして語りました。なかでも、『恋愛について』（メランベルジェ眞紀訳、新評論、二〇〇九年）と『嘘の真理』（柿並良佑訳、講談社選書メチエ、二〇二四年）は日本語で読むことができます。

私はナンシーによる神に関する講演会「天上で、現世で」（二〇〇二年五月）を聞きに行ったことがあります。子どもたちが詰めかけたホールで、大哲学者が穏やかに語りかけ、ひとりひとりと対話をするという新鮮な光景に強い感銘を受けました。ナンシーは即興的な語りを得意とする当意即妙の達人で、彼は簡単なメモ書きだけを用意して、あとは子どもの反応に合わせて即興的に言葉を選んでいました。本書に収められたカッサンの講演と質疑応答から、そんな微笑ましい情景を思い出しました。

本書の翻訳については、二〇二二年に東京都立大学の西山雄二ゼミにて訳読がおこなわれました。受講生のみなさんが翻訳した原稿を西山が添削をして、フランス語文法を検討する形で前半の講演部分の途中まで読み切りました。講演部分を最後まで完成させるべく、夏季休暇には何人かの学生が検討会を実施しました。前半の訳文は、こうした学生らの共同作業の成果を含むものです。今回出版するにあたって、山根佑斗さんに共訳を担当してもらい、彼が後半の質疑応答を訳出し、二人で全体を見直して訳稿を完成させました。ゼミの参加者らによる貢献に対して、感謝を申し上げます。

原著者のバルバラ・カッサン氏は、版元のバイヤール社を仲介していただき、翻訳出版がスムーズにいくように配慮していただきました。カッサン氏のご尽力に心から謝意を表明いたします。

本書は、在日フランス大使館翻訳助成金を受給しています。日仏の文化交流に大きく貢献する貴重な助成に感謝申し上げます。

本書の制作にあたっては、読書人・明石健五氏に適切な編集をしていただきました。心より御礼申し上げます。

西山雄二

著者

バルバラ・カッサン（Barbara Cassin）

1947年パリ生れ。哲学者、文献学者。フランス国立科学研究センター研究員を経て現在同センター名誉ディレクター。2018年よりアカデミー・フランセーズ会員。著書に『ソフィスト的効果』『ノスタルジー——我が家にいるとはどういうことか？ オデュッセウス、アエネアス、アーレント』（馬場智一訳、花伝社、2020年）『翻訳を讃えて——普遍的なものを複雑にする』など。編纂を指揮した『ヨーロッパ哲学語彙——翻訳できないものの辞典』は多数の言語に翻訳され、高い評価を得ている。

訳者

西山雄二

1971年愛媛県生まれ。東京都立大学人文社会学部教授。一橋大学大学院言語社会研究科博士課程修了。20世紀フランス思想・文学。著書に『哲学への権利』『異議申し立てとしての文学』、編著に『ジャン＝リュック・ナンシーの哲学——共同性、意味、世界』『いま言葉で息をするために』など。翻訳に、ジャック・デリダ『獣と主権者』『条件なき大学』、カトリーヌ・マラブー『抹消された快楽——クリトリスと思考』など。

山根佑斗

1999年岩手県生まれ。東京大学総合文化研究科超域文化科学専攻表象文化論コース修士課程。東京外国語大学国際社会学部卒業。フランス現代思想。論文に「彼方へと曝されて共に在ること——ジャン＝リュック・ナンシー『複数にして単数の存在』を読む」（『Limitrophe』No.5、東京都立大学・西山雄二研究室紀要、2024年）。

ひとつ以上の言語　Plus d'une langue

2025年3月25日第1刷発行

著　者　バルバラ・カッサン

訳　者　西山雄二・山根佑斗

発行者　明石健五

発行所　株式会社読書人

〒101-0051 東京都千代田区神田神保町1-3-5
冨山房ビル6階
TEL.03-3244-5975　FAX.03-3244-5976
https//dokushojin.net　email:web@dokushojin.net

カバー・イラスト　大塚砂織

装　丁　坂野仁美

組　版　汀線社

印刷・製本　中央精版印刷株式会社

ISBN 978-4-924671-91-1